宋词是一杯清酒5

小山词传

上玄月/著

时事出版社

图书在版编目(CIP)数据

宋词是一杯清酒.5,小山词传/上玄月著.—北京:时事出版社,2015.1

ISBN 978-7-80232-774-0

Ⅰ.①宋… Ⅱ.①上… Ⅲ.①晏几道(1038~1110)-传记 ②晏几道(1038~1110)-宋词-诗歌欣赏 Ⅳ.①K825.6 ②I207.23

中国版本图书馆CIP数据核字(2014)第258431号

出版发行:时事出版社
地　　址:北京市海淀区万寿寺甲2号
邮　　编:100081
发行热线:(010)88547590　88547591
读者服务部:(010)88547595
传　　真:(010)88547592
电子邮箱:shishichubanshe@sina.com
网　　址:www.shishishe.com
印　　刷:北京建泰印刷有限公司

开本:880×1230　1/32　印张:8　字数:135千字
2015年1月第1版　2015年1月第1次印刷
定价:29.80元

前言

曾经的小山衣衫飘飘，白衣胜雪，在风流轻狂中与红粉佳人一起感受生活的多姿多彩；后来的小山却只能一个人看遍秋日飞花，终究是日渐凋零。秋风微冷，秋雨扣梦，轻叩静聆，一夜凋零，一变待生。

“淮海、小山，古之伤心人也。其淡语皆有味，浅语皆有致，求之两宋，实罕其匹。”这是冯煦对秦观和晏几道的评价。“小山”，乃晏几道的号，与其父晏殊合称“二晏”。就是这样一个传奇人物，却有着极其坎坷的一生。

他生于官宦世家，但却不想依靠父亲政治余荫，只担任了一个芝麻小官，仕途不畅；家道中落，虽不想要汲汲名利，却为了生计不得不追名逐利；他羡慕“白衣少年，红粉佳人，你侬我侬”的爱情，但情深缘浅，最终和自己所爱的人劳燕分飞，任由相思泛滥成灾。

仕途的潦倒坎坷，生活的困顿无奈，爱情的情深缘浅，让小山对现实失望透顶，无奈之际，只能将满腔心事寄托于梦境。几回梦里与君同，睡里消魂无说处。恨惆怅揪醒梦中人，无奈谁懂？

小山工于言情，但很少尽情直抒，多抒之以婉曲之笔。其实，一切景语皆情语，小山的这种婉曲的抒情方式，一方面映射出他相思成痛的内心，另一方面，终生事业未就、爱情无成的他何尝不像那些春花春雨一样，让人还未及感受便消逝风中。

离愁别恨，无尽相思，溢出红笺，情到深处，唯有泪千行，蜡炬成灰，琴弦瑟涩，琴声无计可消愁，红笺未能托离忧。

忆往事千姿百态，断肠无穷，而今朝且听风吟，怅然一笑。梦里，故人不经意地出现，便能让小山泪流满面。但是，这个中滋味，又能与谁诉说？唯有与寂寞屏风，同诉衷肠。

冷秋黄昏，落叶飘零，夜风飒飒，幽幽拨弦说相思，在流逝的岁月里悲悲戚戚，苍茫大地，悲凉不期而至。斜风过处，落英纷飞，寒意袭来，风华落尽，青春祭。小山就这样完成了生命的转换。

经历了不断别离的爱情、四处漂泊的艰辛后，小山在无奈中成长了。成长永远是条单行道，只能行走天涯无归意，欲问归期也无期。从今屈指春期近，可无奈的是，如今迎接春风的，只有满鬓华发。

韶华易逝，华发早生。一本小山词，无尽相思梦。

目录 CONTENTS

第六卷 从今屈指春期近，满鬓华发笑春风

第一卷

相寻梦里路，飞雨落花中

渴望曾经已成为一种疾病，尽管他可能于此轻薄生命，但依旧还时常回想她曾经回眸时的笑靥，还有给他吟诵诗词歌赋时候的清秀面容。酒醉初醒，人生如梦。

琵琶弦上说相思

梦后楼台高锁，酒醒帘幕低垂。去年春恨却来时，落花人独立，微雨燕双飞。

记得小苹初见，两重心字罗衣。琵琶弦上说相思，当时明月在，曾照彩云归。

——《临江仙·梦后楼台高锁》

古时，对于那些在现实世界里失意落寞的灵魂来说，空气中总是弥漫着黯然神伤、怀疑惊慌的气息，自己也仿佛惊弓之鸟，永远不能熨帖、安宁地存活着。而梦境则为他们提供了一个极好的避风港，在那里没有官场上的腐败黑暗，没有事业上的穷途末路、壮志难酬，没有情场上的背叛薄情，没有亲人、友人的生离死别，所以中国诗歌中充斥着与梦有关的诗篇，有辛弃疾的“醉里挑灯看剑，梦回吹角连营”，有李后主的“梦里不知身是客，一晌贪欢”，有苏轼的“小轩窗，正梳妆，相顾无言，惟有泪千行”。晏几道经历了家道中落、人生突变的大梦，意识也仿佛不再延展，只是停留在那些瑰丽欢乐的年华里。人生如梦，梦也频繁地出现在他的诗词中。

又是一个酒醉初醒、意识复苏的时刻，他呆呆地站起来，慢慢地适应这个现实的世界。不必花笔墨去一点一滴地描绘他的梦境，虽然必定是轻裘肥马的奢华生活，但也许他潜意识里已知道那些浮华都不再是事实了，再去回忆和纠结也只是徒增烦恼，还是好好看看眼前的这个地方吧。

眼前的景象果然让人失望。这是自己曾和小苹吟诗作对的地方，楼台上的锁早已锈迹斑斑，没了人的踪迹，小苹曾经住的瓦舍也是帘幕低垂。梦中的甜蜜果然是镜花水月，小苹早已不在自己身边。想到这儿，意识渐渐苏醒，因酒精和睡眠而钝化的忧愁和怅惘也渐渐尖锐起来，刺得心阵阵发疼。缓缓踱了几步，才恍然意识到又是一个暮春时节。微雨点点，如丝如缕，如泣如诉；落花片片，也仿佛在哀悼即将凋亡的哀愁。头上有两只燕子飞过，是在共同谋划着迁徙到另一个充满生机的地方去吗？可是，好像从去年开始，自己就这么一个人感慨着春天的逝去。孑然独立，世界仿佛就只剩下了自己的无边情思。

不自觉地想起刚刚见到小苹的时候，她乌发皓齿，明眸善睐，穿着当时在歌女间所流行的心字罗衣，如此单纯而甜美。还记得相识的那个夜晚，她幽幽地拨着琴弦，随着缓缓的曲调一字字地唱出自己的悲欢。也许从那个时候，自己就喜欢上了这个会用歌声说故事的女孩子，也才会不自觉地接近她，编辑共同回忆。

可是琵琶犹在，佳人已远，当年和自己心心相印的人儿早已不知踪迹，她的故事至今还有人听吗，她的眼睛里还会有那么多不安定吗？想到这儿，不禁拨了拨面前的琵琶，竟然流泻出当年熟悉的曲调，那就在这种悠长的音符里放飞自己的回忆吧。李白在《宫中行乐词》中写道“只愁歌舞散，化作彩云飞”，他也曾像自己一样感慨那些如云儿飘散的人儿。皓月当空，月光如水水如天，澄澈的天幕中彩云翩飞，那是云，还是小苹归去时回眸凝视、依依惜别的身影呢？

所惜光阴去似飞

长杨辇路。绿满当年携手处。试逐春风。重到宫花花树中。

芳菲绕遍。今日不如前日健。酒罢凄凉。新恨犹添旧恨长。

——《减字木兰花·长杨辇路》

晏殊和晏几道，被称为“二晏”，各自又被称为“大晏”、“小晏”，上承南唐五代之花间传统，下开宋词之婉约先河。“晏氏父子，具足追配李氏父子云”，说的就是“二晏”继承李璟、李煜的花间风格。“二晏”这对父子因为际遇不同、性格各异，在各自诗词中又有不同的特色。形式上，大晏工整华丽，小晏清新自然；内容上，大晏保守端庄，小晏则直率深情。大晏的《珠玉词》和小晏的《小山词》正如其名，一个雍容华贵，一个清新深情。

小晏的《减字木兰花·长杨辇路》和大晏的《破阵子·忆得去年今日》写的都是重游故地，不见故人，这一重合可能也说明大晏、小晏都不是薄情之人，都是感情细腻、把感情保存于心的人。但是，两人在表达感情时的情态不同，鲜明地展示出了两个人的不同性格。

一个人的时候，最宜相思。小晏和大晏的这两首词分别写作于春季和秋季。小晏的《减字木兰花》里，想到她，便想到当年那些无忧的欢愉时光，也不知不觉走到了两个人携手曾走过无数次的小道。至今清楚地记得两个人在这条路上第一次牵手时的悸动、一起谈天说地时的畅快和一起共话未来时的甜蜜。再次回到这个地方，却发现这儿早已是绿杨夹道，郁郁葱葱，全然不是当年寂寥的寒酸样子。而这才发现自己的身边也不再有那个她了。跟着春风，又走到了那满树繁花中，这儿倒是没有改变，可是过去的旧景总是触发自己的那些欢愉记忆，每想起一段就挑疼一根心弦。一个人看遍秋日飞花，可这花终究是日渐凋零，一日不如一日。而一个人的酒喝着喝着就醉了，醉酒趔趄前行、无人照料，这又和着许多旧恨压在了心头上。

忆得去年今日，黄花已满东篱。曾与玉人临小槛，共折香英泛酒卮。长条插鬓垂。

人貌不应迁换，珍丛又睹芳菲。重把一尊寻旧径，所惜光阴去似飞。风飘露冷时。

——《破阵子·忆得去年今日》

大晏的《破阵子》中的故事发生于重阳前后。在一个菊花怒放的秋日，他挑了一个闲暇的时间又来到这片小园。还记得去年这时自己并不是独自拜访，而是和她一起，一起折下菊花和着浓酒，给寒凉的秋日添加一点温暖，感受重阳将近的气氛。平时，碍于自己的高贵地位，总要端出个正经稳重、忧国忧民的样子来，久而久之，也习惯了这层面具，简直把它融到了血液里。而只有和她在一起时，他才能收起这些顾忌，肆意地喝酒、折花、调笑。而今年再来，却只剩下自己，静静地赏花喝酒，全无去年的热闹景象。大晏没有怅惘于女子的芳踪难觅，也没有悲伤于自己的孑然独立，只是以一副冷静的姿态重新走了一遍去年的路，感慨光阴似飞，人事全非，留自己一个人感受秋日的飘风冷露。

在这里，他冷静而自持，感情含蓄而浅淡。“所惜光阴去似飞”，差点让人觉得这不是怀念去年同来的知己，而是写给皇帝的折子中的冠冕堂皇的一句。他心里定是有这位佳人的，不然也不会在重走这条路时写下这样一首词，不然也不会感受到秋天的“风飘露冷时”。只是爱情从来不是他的全部，自己在公务之余有时间能够想起去年的那一场欢愉已然是很奢侈的事情，怎么能指望身在高位的他像他儿子那样沉溺在男欢女爱中而口无遮拦、肆无忌惮地抒发自己的感情呢？

小山以爱为生，因此写出的句子才没有世俗的浊臭，才能芳香扑鼻，也难怪会得到“诸名胜词集，删选相半，独《小山集》直逼花间，字字娉娉袅袅，如揽嫱、施之袂，恨不能起莲、鸿、苹、雪，按红牙板唱和一过”的评价。

旧时薄幸今无情

蕙心堪怨，也逐春风转。丹杏墙东当日见，幽会绿窗题遍。

眼中前事分明，可怜如梦难凭。都把旧时薄幸，只消今日无情。

——《清平乐·蕙心堪怨》

清清冷冷的天井下，孤立着一棵大叶的枇杷，还有两株丹杏，周围一片死寂，除了几声鸟鸣没有剩下过多气息。站在窗前，他无神地望着蜷缩枝头的黄叶，那曾经繁茂的绿叶也只是苟延残喘地紧抱住最后一根枝丫。闭上双眼，感受着这萧瑟的季节，到处充满了苦涩。于是，他掀开帘子，看到阳光洒在屋檐的瓦楞上，却没有一点暖暖的感觉。

隔着窗户，磬街石板边，有一滩积水，映照着东墙边的枯杏，想着曾经的喧嚣，一声不吭，内心却依旧抱着一丝希望。站在漫卷黄叶的庭前，等待着，连他自己也不知道是在等待什么。他只知道，在这里，曾经是多么快乐、多么陶醉，来不及自己放弃，就被一切遗弃。但这是别人认为的，他不这么认为，因为在他心间希望还没有彻底死去，半死不活间，尚存一丝涟漪在慢慢波动，流向未来还是向曾经都无关紧要。因为，那仅存的几波涟漪，也会在时光的内容里，逐渐变得无足轻重。

何时的欢快，将浅绿色的窗棂涂满了深闺里应有的秘密；他将麝香点燃于青铜炉间，留下袅袅的熏烟漫卷着红绡帐，有些困倦，枕着思念织成的被褥，倒下就睡。他也不知道是否真的睡着了，也许只是在似梦非醒间游荡着自己的魂灵。他多想做一场酣畅淋漓的梦，那样可以在梦里重回往昔，重温与她相见之时倾嗅青梅的悸动与羞赧，她在花墙之外轻吟一些似懂非懂的词句，自己靠在墙内，听得入神，在偷窥她的神采之时，就知道她的细腻像风一样席卷了心底，自己将毫无保留地随之而去。她写的诗词，还躺在墙角，朗朗的读书声，还停在丹杏叶尖，每一步的跫音，都在梦里缓缓逝去，在醒来的一瞬间，他还固执地以为她只是刚刚远离，不久即将归来，她在门外等自己踏出门，会一如既往与自己和诗，书词东窗。

在那个梦里，她笑得还是那么绚丽，天空依旧那么湛蓝，在鸟鸣不断的庭院前，看到前来的媒人措辞不断，尽管他不太喜欢媒人的面容，一切却因为她的到来而都变得美好，轿子上布满了红红的装饰，一群吵闹的孩童追逐在她的周围。她没有言语，一直站在门前微笑。他在西楼上看到这一切，多想从此就沉醉在这里，永远也不要醒来，可惜这只是个梦，不过是一场虚妄的梦。

醒来时凤衾依旧冰冷，连鸳鸯枕边的泪痕都是如此地清晰。稀稀疏疏的阳光懒懒散散的，冷冷清清的庭院没有一丝生机，闺阁上的茶花也凋零得所剩无几，一座空楼里只剩下萎靡不振的自己。

所有的以为，都仅仅只是以为，都摆脱不了她离开已久的事实，她的出现将会显得弥足珍贵。

双鬓的乱发，不足以表达痛苦；铜镜里枯黄的面容，也不再映现昔日的润容。他又将何去何从？

这悲痛，自她离去时便一直存在，他多想就此放弃一切，开始新的生活，让她成为过客的情愫却始终未能充满脑际，他该承认自己的愚昧还是该就此沉沦于当下的生活？日光由弱变强，再回到原点时，他还是松散着神经站在风口，希望借着风将一切困扰都吹散。

一盏青灯，一支红烛，重复着滴漏的旋律，残留下来的脂粉，依旧如从前一样芳香四溢，却没有从前甘甜的味道。再次走到几案边，对着铜镜里日渐衰老的容颜嘲笑个不停，窗外风声怒吼，一直徜徉在脑际，她不会想到冷冷的墙壁裹着夜色的憔悴和他忧郁的容颜，更不会想到双手抚在油灯下的他锦衣上的诗句。

渴望曾经已成为一种疾病，尽管他可能于此轻薄生命，但依旧还时常回想她曾经回眸时的笑靥，还有给他吟诵诗词歌赋时的清秀面容，总显得如此清丽。他悔恨自己的痴情，就像痛恨她一去不回的背影一样。

时间不断流逝，尽管一心的无奈，充斥着些许黯然，当转身看到几案上她曾为自己挥洒的墨迹，依旧微醺。在皎洁的月色里，飘逸得如秋日雨夜里的芭蕉，沾满一身的惆怅，那幅诗词一直放在那里，自她走后就没动过，原本想作为纪念，现在想来也只能算是个祭奠，不完全出于怀念曾经的过往点滴，只是想告诉自己曾经只是曾经，不可能迈过时间的坎，来到现在。

等待已久，书信却一页不见，他习惯着欺骗自己说还在路上，然后就继续安心等待，就像等待死亡的到来一样。

阳光散尽，换了风雨登场，日复一日的西楼，只有一个人的痕迹。楼前的空地，落满了残叶。斜斜密密的小雨，打在上面，发出沉重的叹息，远方再次掩映在那杨柳的青烟绿雾里，没有任何动静。不敢再去那家酒肆沽酒，不是害怕别人的指指点点，而是担心醉后的自己还是只剩心空。看着曾经幽会的墙角里爬满了枯藤，也懒得管理，没有了心境，也就没了曾经的味道，逝去的韶华竟然把悸动的心擦得一干二净，他不是可怜自己的痴情，只是对曾经的付出于心不忍。但终究也只是酿成自己的不堪重负，西亭外的哭泣也只剩下对自己的哀怨，显得虚幻而真实。

时光的风铃摇响了深秋的琴弦，残留一丝气息的他透过窗，似乎看到曾经的身影，似乎又没有看到，只像是散落漂浮在山涧里的轻薄枫叶。于是，他微笑着仰望，感到一丝亲切，也感到一丝寒冷。

梦醒，远方深色的薄雾飘荡着浓秋的萧瑟，他听到快马“哒哒”的声响，带着悸动打开大门，用力向前街的驿站望去，只看到时光里安放着季节的行程，一段一段的，回想着岁月的变迁，却在感慨中忘不了本该忘记的一切。

重把一尊寻旧径

斗草阶前初见，穿针楼上曾逢。罗裙香露玉钗风。靓妆眉沁绿，羞脸粉生红。

流水便随春远，行云终与谁同。酒醒长恨锦屏空。相寻梦里路，飞雨落花中。

——《临江仙·斗草阶前初见》

晏几道，是宰相晏殊的第七子，虽为贵胄公子，终其一生，却只做过颍昌府许田镇监、开封府判官这样的小官，用“穷愁潦倒”四字来概括其一生，大抵也算不得过分。黄庭坚在《小山词序》中曾这样写道：“余尝论：叔原固人英也，其痴处亦自绝人。爱叔原者，皆愠而问其目。曰：‘仕宦连蹇，而不能一傍贵人之门，是一痴也；论文自有体，不肯作一新进语，此又一痴也；费资千百万，家人寒饥，而面有孺子之色，此又一痴也；人百负之而不恨，己信人，终不疑其欺己，此又一痴也。’乃共以为然。”或许，所谓的“痴”，不过是伤心人别有怀抱而已，看透了那些你来我往、翻云覆雨，苍凉的何止是世态，或许还有那一颗素喜追慕纯真的心。

晏几道，他仿佛始终沉沦在一个逝去的年代里。当黄（庭坚）、柳（永）、欧（阳修）、苏（轼）纷纷探索着词的新路，他却依然沉浸在小令中难以自拔。他有他独特的精神世界，在那里，春光旖旎，花开馥郁，不过很少有人能够走进而已。

“始时，沈十二廉叔、陈十君宠家有莲、鸿、苹、云，品清讴娱客。每得一解，即以草授诸儿。吾三人持酒听之，为一笑乐。已而君宠疾废卧家，廉叔下世，昔之狂篇醉句，遂与两家歌儿酒使俱流传于人间。”这是晏几道在《小山词跋》中的几句话。寥寥数语，勾勒出一个贵胄公子的蹉跎光阴。或许，这一生，有了那几年，便也无憾了。那几年，是生命中所有美好的集合；那几年，是此后漫长的孤寂人生的些许慰藉。或许，他之于她们，不过是生命中短暂一程的侣伴，而她们，却始终在他的小令中，在他的魂梦里萦绕徘徊……

“斗草”，又称为“斗百草”，是古代少女们的一种消遣之乐。《荆楚岁时记》中曾有这样的记载：“五月五日，四民并踏百草，又有斗百草之戏。”刘禹锡在《白舍人曹长寄新诗，有游宴之盛，因以戏酬》一诗中也有“若共吴王斗百草，不知应是欠西施”的句子。斗百草的游戏玩法，今人早已无从得知。而穿过历史的烟尘，那一张张如花的笑靥，分明一如初见。“穿针”二字的背后，大抵是另一种风俗了。旧历七月七日之夜，俗称“七夕”。这一天，女子要设瓜果以拜织女，并以彩线穿针以期女工技艺之长进，谓之“乞巧”，所以七夕节又名乞巧节。在那斗草阶前、穿针楼上出现的，当是一个怎样的少女，她有着怎样的期许，又有着怎样的梦境？或许，她期待的，不过是一个一心人的出现，之后能够白首不相离，这一生，或许不会有大波大澜，却也自在安然。

只是，命运何尝顾忌过人们的感受，它安排着人们的宿命，却从不问人们的喜与悲。“罗裙香露玉钗风。靓妆眉沁绿，羞脸粉生红。”香汗淋漓，浸透了那茜色的罗裙，尽日地描画，那眉黛，那朱砂，早已沁入了肌肤，会否也沁入了心脾，谁人能够得知因由。昔年，在那斗草阶前、穿针楼上许下的心愿，是否早已如昨梦前尘般寂灭掉了？

那随着春天消逝掉的流水与行云，何处得见她们的踪影？

她们的生命，一如风中的飘蓬与水中的浮萍，何处才是她们的归宿？或许，风尘中人的宿命大抵如此，人们从来只看到她们人前承欢，又有谁看透她们背后的苍凉？每一次转身，是否会泪下潸然？曾经，最是那回不去的过往，她们是否也曾回首往昔？只是，回首又有何用，叹息又有何益，不过徒增伤感而已。或许，不去看那曾经，反倒是一种解脱。只是，这一生，终究只能如此这般。太多人，就这样湮没在历史的滚滚洪流里。她们也有泪，也有笑，那喜怒哀乐，同样是真实的。只是，太多人看到了她们的美丽，却从不理解她们的哀愁。

据宋代祝穆在《方舆胜览》中记载，柳永身死之时，家无余财，群妓合资葬于南门外。每逢春日，便来吊唁，谓之“吊柳七”，也叫“上风流冢”。这种风俗一直持续到宋室南渡。后人有诗题柳永墓云：“乐游原上妓如云，尽上风流柳七坟。可笑纷纷缙绅辈，怜才不及众红裙。”她们也有着真性情，只是太多人无缘得见，大抵只有柳永、小山之辈方得以一窥，只因在他们眼中，她们从不是玩物，从来都有最真实之人。

酒醉初醒，那梦中的人，却早已寻不见踪迹，只有那寂寞的屏风，诉说着昨夜的衷肠。

梦里相寻，在那微雨里，在那落花中，她，是否依旧是那豆蔻梢头的模样……

门外垂杨未飘絮

试把花期数。便早有、感春情绪。看即梅花吐。愿花更不谢，春且长住。只恐花飞又春去。

花开还不语。问此意、年年春还会否。绛唇青鬓，渐少花前语。对花又记得、旧曾游处。门外垂杨未飘絮。

——《归田乐·试把花期数》

春天不光与活力和青春有关，还与担忧和感伤有关。《毛传》曰：“春，女悲；秋，士悲；感其物化也。”《淮南子·缪称训》中亦有“春女思，秋士悲，而知物化也”的说法，意思是说因为春天绚丽斑斓，看着它在眼前慢慢毁灭，终是一件残酷的事情。

“昨夜雨疏风骤，浓睡不消残酒。试问卷帘人，却道海棠依旧。知否？知否？应是绿肥红瘦。”还记得李清照在《如梦令·昨夜雨疏风骤》里的那缕伤春。突如其来的狂风暴雨和浓烈酒精把李清照灌得迷迷糊糊，悄然入梦。可是，醒来后第一反应是问侍女院子里的海棠是否安好。侍女连忙应道海棠完好无损，却又引起了李清照的不满。这分明是敷衍之语，春雨滂沱，海棠娇弱，风雨飘摇中无人照看，现在肯定是枝折花坠。少女惜春，多半是怜惜春天的娇艳可人，不舍春天的温煦绵软，但实际上也是在怜惜自己的韶华。“寂寞深闺，柔肠一寸愁千缕。惜春春去，几点催花雨。”“风定落花深，帘外拥红堆雪。长记海棠开后，正是伤春时节。”春雨如丝，落花阵阵，铺成一地殷红。深闺寂寞，陪伴自己的只有这些娇艳花草。而它们就这样斑驳飘落，自己的人生也这么一年年地流逝。

黄庭坚也在他的《清平乐》里写下“春归何处？寂寞无行路。若有人知春去处，唤取归来同住。春无踪迹谁知？除非问取黄鹂。百啭无人能解，因风飞过蔷薇。”黄庭坚给人留下的印象是大腹便便、把酒言欢的豁达词人。面对着不知所踪的春日，他并没有泪眼婆娑、愁肠百结，但是也隐藏着无名的失落，不禁感叹春天的去处大概只有去留无踪的黄鹂知道吧。

所以，初春时节的诗歌里洋溢着欢愉、憧憬和躁动，那是对生命莫名的渴望和向往，而暮春时节的诗歌里的那种不舍和忧郁同样是活力临近终结的人们的自然反应。

晏几道也有这样的伤春情绪。花儿艳丽可人，时而像俏丽活泼的少女，时而又像温婉贤淑的妇人。什么时候能够春色满园？掐指算一算花期，春天终究是要来了。盼望着，盼望着，就看到了梅花傲骨，开在枝头，勇敢地笑着。多希望世间只有怒放的姿态，没有枯萎和凋落，这样春天就能永驻人间。可是，天不遂人愿，“泪眼问花花不语，乱红飘过秋千去”，范仲淹也感慨过这种“无意留春住”的无奈，自己的这种愿望也不过是幻想而已。

其实，小山既不是感慨青春空虚掷的少女，也不是寂寞独守思离人的怨妇，伤春思绪的深层还是感慨着“年年岁岁花相似，岁岁年年人不同”的物是人非。看着这些正值盛年的花儿，不禁想起那些年和自己一起游玩河山的女子，想起了那时欣赏到的秀丽美景和轻松欢快。可是时光剥落，岁月飘零，她们不知道又流散到了什么地方，当年的红唇皓齿也不知道被磨砺成了什么样模样，而那些欢乐的往事也一去不复返了。同样的地方，同样的春天，可是因为人事沧桑，心境也就不再一样了。就像《小山词自序》里说的那样："追惟往昔过从饮酒之人，或垄木已长，或病不偶，考其篇中所记悲欢合离之事，如幻如电，如昨梦前尘。但能掩卷怃然，感光阴之易迁，叹境缘之无实也。"

有评论家们批评小山词作乃无病呻吟，词境狭隘。其实，如果我们没有经历过那种从贵相之子到潦倒布衣、从知交满园到孑然一身的巨大落差，我们就没资格指责小山的偏执和痴念。比如这两首《生查子》里就能看出那些春天里小山的欢愉。

远山眉黛长，细柳腰肢袅。妆罢立春风，一笑千金少。
归去凤城时，说与青楼道。遍看颍川花，不似师师好。

春意盎然，她画上了悠长细腻的远山眉，穿上碧绿的长裙，犹如雨后的青山清雅疏朗，每走一步，就像有一团勃勃生机的绿色在摇曳。妆后的她，柔美清纯，和那年的春光一起惊艳了自己的时光。所以，才能骄傲地说道，颍川花儿看遍，都不如师师美好，只其一颦一笑，就足以照耀整个春光。

原来，小山记忆里的春天都是有这般明艳照人的女子的。

金鞍美少年，去跃青骢马。牵系五楼人，绣被春寒夜。
消息未归来，寒食梨花谢。无处说相思，背面秋千下。

也还记得他的那些轻狂岁月，像是包了金箔一样耀眼而轻浮。一人一马就这样在烂漫春光里放荡不羁，了无牵绊。白天一起携手看花，晚上一起拥被而眠。那些年少时光就这么坠入时间的夹缝里，再也回不来了。

长记楼中粉泪人

西楼月下当时见，泪粉偷匀，歌罢微颦。恨隔重帘看未真。

别来楼外垂杨缕，几换青春。倦客红尘，长记楼中粉泪人。

——《采桑子·西楼月下当时见》

在《采桑子》里也记叙了这样一幅令人感动的偶遇场景。

某个夜晚，宴会进行到一半，小山又像往常那样厌倦了人们之间的奉承和应和，于是偷偷溜出来，呼吸一下没有浊酒和人声的新鲜空气。于是，在月光下的西楼，小山看到了和自己一样溜出来的她，心里顿感亲切。定睛一看，突然想起来，她是刚刚宴会上弹琴歌唱的歌女。刚刚那一曲音乐如人间天籁，歌声悠扬，婉转动听，余音绕梁。可是，现在的她仿佛换了一个人，满面泪痕冲散了脂粉，露出光鲜外壳下的疲惫容颜，收起笑容，微微蹙眉，显出与欢乐不相称的忧伤。俞陛云对“泪粉偷匀，歌罢还颦”这样评价：“不过回忆从前，而能手写之，便觉当时凄怨之神，宛呈纸上。”这才发现，对这个陪人欢笑的歌女来说，欢笑也不过是一层极易戳破的面具。

一个是忧伤歌女，一个是落魄才子，在这样清冷的西楼月光下，自然会用最真诚的心灵互相抚慰，给予彼此最真诚的温暖。于是，屋内觥筹交错，气氛热烈浓厚，屋外相见恨晚，惺惺相惜，气氛沉静而亲密。

于是，两个人互相吐露内心最深沉的郁结和悲恸。强颜欢笑的无奈、夜夜笙歌的煎熬、受尽轻薄的凌辱和所托非人的遗憾……在小山温柔和鼓励的眼光下，女子卸掉人前的那些伪装和面具，敞开心扉，把这些年的点点滴滴一一叙述。而看到眼前的佳人，小山仿佛看到了自己喜欢的小莲、鸿、云几位女子，也自然而然地把自己的满腔愁绪表达出来：自己出身高贵却生性疏朗，后家道中落，不得不殷勤人事，喜欢的几个人却因为时光飘零而劳燕分飞。两人就这样把内心最痛的伤疤揭开，然后用各自的注视和体贴温暖对方。那一夜，他们心灵靠得很近，而见证这一幕的是渐行渐低的凉月和渐吹渐缓的夜风。

每个人的一生中定会有这样的夜晚，遇到一个心灵契合的人，酣畅淋漓地交谈，不知东方之既白，不知疲惫。然后那个夜晚就永恒地留在了自己的记忆里，每每想起，便神清气爽。我们每天都会见到很多人，有的相遇如同流星划过，转瞬即逝；有的则不然，短暂的相见却如一个巨大的光球，持续地给自己接下来的那些年提供精神的力量。

自从分别后，西楼门前的杨柳也枯了又荣，荣了又枯，足有好几个年头。就像欧阳修在《朝中措》里说道，“手种堂前垂柳，别来几度青春”，杨柳一岁一枯荣，见证的全是离别的漫长时光。分别的这几年，自己还是宛如沙石，被现实的泥流裹挟着奔流不知西东。这几年中，经历了家世的落没、尴尬的入狱、无趣的婚姻、复杂的人事，每天蝇营狗苟，为了锱铢小利而四处奔波，心灵早变得疲惫不堪，也有很长时间没有那么触动人心的谈话和遇见能走进自己内心的人。滚滚红尘、漫漫人生，才走了一半，就变成了心灵死寂如灰的行者，成了红尘倦客。而每每想起那天夜晚梨花带雨地和自己畅聊整夜的人儿，心还是会变得柔软起来。

这样的相遇因了文人们的细腻多情和生花妙笔而绮丽多

姿起来，最著名的当数白居易和晏殊的故事。

白居易十分喜爱音乐，被贬之后的他因为“浔阳地僻无音乐，终岁不闻丝竹声。住近湓地地低湿，黄芦苦竹绕宅生”而暗自遗憾。在某个偶然的场合，他听到了苏家小女的婉转笛声。笛声清脆悠扬，如闻天籁，兴之所至他写下《杨柳枝词》，“苏家小女旧知名，杨柳风前别有情。剥条盘作银环样，卷叶吹为玉笛声。”苏家小女蕙质兰心，用手摘下柳叶就能做成简易的笛子，奏出美妙的歌声。

当然，苏家小女并不是白居易诗中最出名的知己歌者，而是行船途中遇到的琵琶女。琵琶女有着高超的技艺，“轻拢慢捻抹复挑，初为《霓裳》后《六幺》。大弦嘈嘈如急雨，小弦切切如私语。嘈嘈切切错杂弹，大珠小珠落玉盘。间关莺语花底滑，幽咽泉流冰下难。冰泉冷涩弦凝绝，凝绝不通声渐歇。别有幽愁暗恨生，此时无声胜有声”。时而嘈杂，时而静寂，时而如暗流涌动，生动地把声音的流淌做成了一幅如花美画。如果只凭借这种技艺，还不足以让白居易花那么长的篇幅来记叙，花那么长的时间去追思。一曲终了，许是见到座下青衫男子眼里满是赞许和欣赏，她不自觉地把自己的身世一一叙来，而她的生平更让白居易引为知己。这位女子曾是当红歌女，引得豪门子弟一掷千金。后来年迈色衰，门庭冷落，才千挑万选嫁了个商人托付终生。可谁知商人重利轻离，只留自己夜夜独守空房。这与曾经走马观花，得意长安，后来被贬浔阳、郁郁寡欢的乐天（白居易的字）多么相似，故而使乐天吟咏道："我闻琵琶已叹息，又闻此语重唧唧。同是天涯沦落人，相逢何必曾相识！"一曲琵琶曲，引得乐天青衫尽湿，那是为自己也是为琵琶女的命运流下同情而无奈的泪。在这一刻，谁能说琵琶女和乐天不是知己呢？谁又能说多年之后的某个夜晚，乐天不会想起这个曾经为之掬泪、和自己遭遇相同的歌女呢？

晏殊在他的《山亭柳·赠歌者》中也记叙了这样的相遇。晏殊一生官拜宰相，混迹政界，故而熬成了一副稳重、沉着的样子。他在写感情时多为隐晦的暗示，很少有像小山那样直呼其名的炽热表白，但是这首《山亭柳》的题目后面却加了一个小标题"赠歌者"，可见这次相遇对他的触动之深。"家住西秦，赌博艺随身。花柳上，斗尖新。偶学念奴声调，有时高遏行云。蜀锦缠头无数，不负辛勤。数年来往咸京道，残杯冷炙漫销魂。衷肠事，托何人？若有知音见采，不辞遍唱阳春。一曲当筵落泪，重掩罗巾。"这个艺妓出身贫寒，但勤奋练技，希望有朝一日能够鲤跃龙门，摆脱卑微的命运。可是，来京城之地打拼多年，还是一无所获，只是迫切地渴望有个“知音见采”，让自己愿意为他唱遍阳春。晏殊虽然一路青云直上，但官场险恶，一介白丁的他初入政坛定也是和这位艺妓一样吃了很多苦头，也迫切地期望得到身居高位人的指点。唏嘘歌女的命运，就是在感慨自己一路奋斗的青春，而题诗给她也带有鼓舞的意思。

多情却被无情恼

秋千院落重帘幕，彩笔闲来题绣户。墙头丹杏雨余花，门外绿杨风后絮。

朝云信断知何处？应作襄王春梦去。紫骝认得旧游踪，嘶过画桥东畔路。

——《木兰花·秋千院落重帘幕》

古代的深深院落多秋千，因为女子的活动之处不外于内院几尺之地。为了打发时间，于是修建秋千排遣独处深闺、无法外出的孤寂。于是，秋千上的声声欢笑随着风声传到墙外，引起墙外之人的无限向往。这一场景最形象的描述是欧阳修的《蝶恋花·春景》，“墙里秋千墙外道。墙外行人，墙里佳人笑。

笑渐不闻声渐悄，多情却被无情恼。”墙，隔出了两个世界。墙里面的人向往外面人的自由，墙外面的人渴求里面人的甜美。而在秦观“舞困榆钱自落，秋千外、绿水桥平。东风里，朱门映柳，低按小秦筝”，也表达了无限深情。

小山的这首《木兰花·秋千院落重帘幕》讲述的也是一个墙里墙外的故事。许是小山百无聊赖，四处闲荡，许是早就打听清楚佳人住处，总之在某个时候，小山就踱步来到了佳人所处的院外。庭院深深深几许，跌宕出两人的迢迢距离。一架秋千落在院落中，那是佳人孤守在家用来放飞梦想的吗？一堵高墙隔开了两个人，却隔不开两个人的心。

不知道当时是用什么做媒介，也许是一声猫叫，也许是一曲高歌，总之每次这样的游戏都百试不爽，他都能看到她从窗户边露出娇俏可爱、掩不住惊喜和欢乐的小脸。于是，两个人甜蜜的约会就这样开始，他们彼此交换各自生活中发生的事情。男子告诉女子外面发生的稀奇古怪、让人捧腹的事情，女子则告诉男子自己卧房里的绿萝生长得生机勃勃，自己最近的心情大好。

说话说累了的时候，男子就掏出随身携带的一管玉笛，为女子吹奏出自己的相思，而女子听后时而点头，时而垂眸，时而侧目，时而远视。一曲终了，只用她满含雾气的眸子紧紧地盯着他。男子问她听完之后有什么感受，她满面含春，只拿了一管毛笔在粉壁上写下自己讲不出的话，许是“执子之手，与子偕老”，许是“如若知音见采，不辞遍唱阳春”。

太多次这样的相约，每一次都载兴而归，因为只要见到心上人，即使这样交流很累也绝对值得。于是，那堵墙成为两人心中最美的地方。他们对这堵墙的每一个细节都很熟悉，比如墙头高处有一簇簇淡雅的杏儿，每次春雨过后都会打落一地青杏，空留几朵白色杏花；比如院墙外有一棵棵绿杨，春风来袭时会放飞团团柳絮。春风春雨中的那个院墙，对于热恋中的他们来说，成为了最美的记忆。

巧合的是，在伟大的英国剧作家莎士比亚的笔下，罗密欧和朱丽叶也是在这样一个阳台下相约相爱的。这大概是因为过去的社会中男女之间的障碍太多，相恋的男女都不约而同地选择这样一种方式排遣相思。但罗密欧与朱丽叶最后以悲剧收场，并没有终生相偎。而《木兰花·秋千院落重帘幕》里的男女见识了太多青杏飞坠、柳絮纷飞，难道也早就预测出了两个人最终的悲惨结局？

由于某些原因，女子搬离了这个院落，只留下吱呀摇晃的秋千和岁岁枯荣的青杏。开始的时候，两个人还恪守着海誓山盟的诺言，用鸿雁传书见证着对彼此的惦记和思念。可是，不知道从什么时候起，来信渐渐稀少，到最后竟如石牛入海，音信全无。那些炽热烫手的感情，终究抵不过时间和距离的考验，就这么走失在时间和空间里了吗？

在一段感情的终点，最令人难过的事情莫过于一个人已经决绝地转身离去，而另一个人还意犹未尽沉浸在这段回忆里。痴情的男子早已把思念和坚守当作了习惯，在没有女子音讯的情况下就寄心入梦，像襄王一样企图在梦里与女子相会。可是，醒来后总是会发现这只是一晌贪欢，只好骑马靠散心来排遣心结。可是悲哀的是，连自己的紫骝坐骑也早已习惯了那条落花小路，刚刚扬鞭就奔到了画桥东畔的那座空宅。马且有情，何况人乎？设法忘记这个地方它却又无处不在，这段情伤估计是需要一段时间才能治愈了。

对于最后一句，诗界评价向来很高，清人沈谦说，“填词结句，或以动荡见奇，或以迷离称隽，著一实语，败矣。”说的是词的结句或应奇崛给人惊奇之感，或应神秘给人以无限遐思，太过落于实处则成为诗词的一个败笔。而他给出的三个深得其法的成功范例“正是销魂时候也，撩乱花飞”，“紫骝认得旧游踪，嘶过画桥东畔路”，“放花无语对斜晖，此恨谁知”

中，小山的这句则占其一。道学家程颐也称这句为“鬼语”，大致是说这句词意境奇崛瑰丽，不似出于人手。而况蕙风在《蕙风词话》里说得更妙：“小晏神仙中人，重以名父之贻，贤师友相沆瀣，其独造处，岂凡夫肉眼所能见及？”

另一首词《御街行·街南绿树春饶絮》也表达了物是人非、情感空寄的失落情绪：

街南绿树春饶絮，雪满游春路。树头花艳杂娇云，树底人家朱户。北楼闲上，疏帘高卷，直见街南树。

阑干倚尽犹慵去，几度黄昏雨。晚春盘马踏青苔，曾傍绿荫深驻。落花犹在，香屏空掩，人面知何处？

暮春时间，百无聊赖，独上北楼，鸟瞰暮春的最后光景。街旁的柳树腰肢轻摇，柳絮纷飞，像是整条路铺满了雪花。街头的杂花娇艳妩媚，像是在大地上开出的一簇簇彩色云朵。这儿的视野极好，可以一直看到街南头的油油春色。春天是悸动的时节，除了芬芳美景，又不自觉地注意到残花绿树下掩映的人家，朱门掩映，里面的人却不知去向。

其实自己本没必要日日登楼，可是每天还是会不自觉地来到这儿，目送春天归去的蹒跚背影。而潜意识里，自己只不过想离这栋房屋更近一点，因为这儿满载了和她的浪漫回忆。曾经在这里读书泼茶，共赏风花雪月，共话油盐柴米，曾经在一起把未来描摹得那么清晰生动，可是走着走着两个人却分道扬镳，再也没有什么交集。

世人都大骂痴心女子负心汉，其实不过是秦香莲这类女子遇人不淑，就因噎废食地把男人都钉在耻辱柱上。而若是自己宁愿学会负心，就不会日日空守等待，独自酝酿伤心。春雨欲来，落花满地，柳絮漫天，自己也衣衫尽湿，可还是倚在栏杆上不忍离去。而自己的马儿也早已通晓主人的内心，日日踏着马蹄越过青苔，驻扎在这一片绿荫。是啊，自己的内心终究抱着一丝希望，希望老天能再把她带回来，再续前缘。只可惜落花和绣榻还似去年，而人面已不知何处了。

“开到荼蘼花事了，尘烟过，知多少?”“荼蘼花事了”出自宋代诗人王淇《春暮游小园》诗：“一从梅粉褪残妆，涂抹新红上海棠，开到荼蘼花事了，丝丝天棘出莓墙。”荼蘼花开时，春天已经临近落幕，夏日又紧锣密鼓地到来。荼蘼花开，因此也有着繁华式微的悲凉意味。那么以前的欢愉情深是不是也开到荼蘼，然后在时间的流逝中香消玉殒了呢？自己享受了最浓烈的爱恋，又希望它长生不老，是不是太贪心了？

小山、柳永、秦观、杜牧都是混迹青楼、风流不羁的才子，但恰恰是他们写下了无数浓得化不开的相思锦句。可见，风流不一定寡情，多情也未必薄情。可能正是因为他们敏感、博爱，才会对爱有那么深的感受，也才能拨动自己的缪斯之弦。

第二卷

天长地久有时尽，此恨绵绵无绝期

从来情深，奈何缘浅。小山一生终究没能和心爱的女子携手共度，于是日日相思如痛，折磨着他的内心。“白衣少年，红粉佳人，你侬我侬”，只恨一切都如镜中月、水中花。月落乌啼，相思已成一种习惯，只求来生共恩爱。

人生自是有情痴

相逢欲话相思苦，浅情肯信相思否？还恐漫相思，浅情人不知。

忆曾携手处，月满窗前路。长到月来时，不眠犹待伊。

——《菩萨蛮·相逢欲话相思苦》

相思既是幸福的，也是苦涩的。终日沉浸在自己的幻想里，担心着对方的衣食冷暖，想念着对方的一颦一笑，想着对方正在干的事情，幸福就会塞满心里的每个缝隙。因为，在孤寂的人生道路上，决意爱上一个人并与她携手一生，就好像在人生荒原中找到了一颗指引方向的星星，光亮虽然微弱，但却清晰。我们如朝圣般一步步向她走去，再也没有那种孤苦无依、飘零无着的伶仃感。可是，这种幸福亦是一种折磨，在回忆中无数次勾画思人的脸庞，却如同镜中月、水中花，怎么也触碰不到，那种焦躁和挫败感难以言表。

梦里也会无数次出现相见时的情形。在一遍遍地打量过自己心心念念的那个人后，肯定想紧紧抓住她，告诉她自己被相思折磨得有多苦。可是，不知道为什么，小山笔下《菩萨蛮》里的主人公在炽热的思恋下却多了一份小心翼翼，因为他在担心、在惊恐、在害怕，怕看到对方无动于衷的眼神。如果连逢场作戏的热情她都没有装出来，那么答案只可能是——在自己的相思里，她早已放弃了自己，相思成了一出自己的独角戏。她不仅会变得冷漠，还变得会质疑，质疑自己的忠实和相思的程度，那种怀疑和嘲笑真的让他觉得自己所吐露出的一切情谊都被狠狠地踩在脚下的泥水里。既然自己做不到转身离开，又何必自取其辱，还硬要吐露心迹？“人生自是有情痴”，被称为“古之伤心人”的小山也是古之痴情人。终其一生，小山都活在自己的“心灵陵园”里，如同一个老迈的看墓人，迈着笨重缓慢的步伐走来走去，然后望着那些高矮不齐的爱情墓碑留下混浊纵横的泪水。他尽忠职守，即使那些感情都已经化为白骨，也坚持定期清扫陵墓，在周围种上植物花卉，他就靠这样看着勃勃生机的墓碑维系着他的忠贞和思念。因为小山深知思念是一个人的事情，与对方无关。即使对方选择离开，选择再也不回头，自己还是会为当初的甜蜜而选择继续守候，继续这场无止境的单恋。

看到这儿我们的心都是疼的，因为看到了一个人陷入没有出口的感情迷宫还满怀热情地继续穿行。于是，在这首词的下片，小山又陷入了日复一日的回忆中。还记得在那些幸福的日子里，两个人携手走过窗棂，身后是洒满月光的悠长小道。月光如水水如天，月光如两人心中的爱，寂静而美好。而分别多年的自己也早已形成习惯，每到月光弥漫大地的时候，自己就再也睡不着，披衣起立，静静望着那一轮皎月和满地的月光，潜意识里还是在等待着她的到来。

成熟后的小山不再是一个薄情寡义、玩弄感情之人，他把那些给予他无限温暖的感情一一收藏在心底，然后在夜里用泪水慢慢摩挲，直到把它们打磨得无比光滑细腻。可是，这些珠玉硌得人心痛。于是，我们有时甚至希望，小山是个薄情之人，这样他就不会一遍遍忍受痴情和苦恋的轮回。

天若有情天亦老

花信来时，恨无人似花依旧。又成春瘦，折断门前柳。

天与多情，不与长相守。分飞后，泪痕和酒，沾了双罗袖。

——《点绛唇·花信来时》

还记得大唐年间的才子崔护，在夏日奔波于赶考路上炎热而焦躁。他看到一处民居，重重地敲门借水，开一门看到的却是怒放的桃花和如花的笑靥，顿时周身变得清凉了起来，烦躁的世界也不再喧嚣。可是，被功名所牵的崔护终究只能无视这个浪漫的小插曲，继续他的赶考之路。第二年故地重游，心底隐隐的期待牵引着自己走向了那条藏着笑靥的小路。只是推开木门，桃花依旧，芳踪难寻。他徜徉在灿烂招摇的枝枝桃花里，感受到的不是春风沉醉，而是无尽的怅惘和失落，于是提笔写下“去年今日此门中，人面桃花相映红。人面不知何处去，桃花依旧笑春风”的诗句。年年岁岁花相似，岁岁年年人不同。每年的花儿会按照约定如期前来，而“今年花胜去年红。可惜明年花更好，知与谁同?”人事无常，谁又知道来年此时能否相守?

而感伤物是人非的人并非崔护一人。敏感的小山面对着锦簇花团，想到的不是春意盎然，而是去年和自己赏花之人如今却不知身处何处。她过着怎样的生活，是否如自己一样孑然一身？她心情如何，是否像自己这样感物伤怀？想到这些，苍凉和伤感涌上心头。“人生若只如初见，何事秋风悲画扇”，若都只如当年的相依相偎该有多好，就不会像现在这样一个人咀嚼着离别的辛酸。

春天本是万物复苏、生机盎然的时节，但如画般的美景总提醒着自己佳人已去。所以年年春日仿佛一道魔咒，外物越是璀璨斑斓，自己越是萎缩干瘪。一个人的日子里总是不自觉地去折自己门前的垂柳，仿佛又看到了当年折柳依依送别的情景，也仿佛折断了送别的信物，思念的人儿就不会远离。“纤腰非学楚，宽带为思君”，终于知道父亲词中所写的“衣带渐宽终不悔，为伊消得人憔悴”不是夸张，而情到深处自会伤身。

白居易在把陪伴自己多年的樊素送走之后，也送走了自己的幸福时光，于是写下了一首《春尽日宴罢，感事独吟》：“五年三月今朝尽，客散筵空独掩扉。病共乐天相伴住，春随樊子一时归。闲听莺语移时立，思逐杨花触处飞。金带缒腰衫委地，年年衰瘦不胜衣。”世间没有不散的宴席，五年又三月的相处时光终在今天落幕。宴会终了，曲终人散，只留下自己独掩门扉，慢慢咀嚼巨大欢乐之后的失落和空虚。老病无依，而春景也随着樊素一起离开了自己。而这种愁绪都是相思带来的苦果。

想当年小山还是贵胄少年，终日闲散无事，游荡于歌楼酒肆之间，直到在好友家里遇到了歌女莲、鸿、苹、云。她们才貌双全，天真烂漫，和她们在一起时不必强颜欢笑，也不必说出违心的话语，一切都是那么自然。

天若有情天亦老，上天本就看不惯你侬我侬的鹣鲽情深，所以想尽办法使痴男怨女劳燕分飞。于是在这个春天里，没有欢乐。瞬间自己仿佛从天堂被抛到溟蒙的幽冥中，那里是一个人的囚牢，寒冷孤寂。“从别后，忆相逢，几番魂梦与君同”，“梦入江南烟水路，行尽江南，不与离人遇”。他的人生渐渐空乏萎缩成一具“行尸走肉”，只有在夜里靠梦境的滋养才能鲜活灵动起来。在梦里，他仿佛又回到了两个人情深相依的日子。可是，每每从梦里醒来时，才发现梦境成空，自己还是一人存活在惨淡的世间，又是泪水满面。可是，男人总是流泪又显得那么难堪，于是只得把自己的郁结融解在一壶壶的酒里。早已不再是“少年不识愁滋味”的年纪，学别人醉抛金杯，不过是因为它们在白天也能麻痹自己的愁肠罢了。

婚姻和爱情是两个人的事情，因为需要彼此耳鬓厮磨、举案齐眉的互动，但相思不是，相思从来都是一个人的事，在自己的记忆里选取一些明亮的画面和浪漫的场景做燃料，然后点燃，照亮独处时候的阴霾。这是炽热的爱情之光，如果有幸能够遇到回应，则这把火会烧得越来越旺，直到火舌有把人烧死的危险，才让人体味到爱情的轰轰烈烈。可是，就算没有人回应又如何？在一个人的黑夜里，他不吵闹、不颓废，连对方的时间也不占，只是采集记忆里对方的几片影子就可以安稳地获得慰藉。即使这是一场爱情的独角戏那又怎么样？他付出了思念，却收获了温暖。

晏几道应该是最明了这个道理的人，不然也不会终其一生在《小山词》里写下那么多相思之语。莲、鸿、苹、云，他在自己的诗词里一遍遍地回忆着和她们在一起时的场景。这把火烧得太炽烈，他常常会被相思中的甜蜜冲上幸福的巅峰，又被现实的生冷摔到冰冷的地面，高低起伏、冷热变幻之间充满了物是人非的辛酸和无奈。为了躲避这相思苦，他常常喝酒麻醉自己，暂时避开残酷的现实。他也给思念的人儿写信，虽然这些人多已与他失散，信笺永远不可能到达，也不可能有所回应，但他总是执拗地认为落诸笔端的思念才更有凭有据，才对得起自己思念的人儿。他也做梦，在梦里时光从未改变，他仍是那个狂浪的白衣少年，而时间刚刚停在两个人浅笑言兮的时刻。一切都是刚刚好。

来生重结半生缘

初心已恨花期晚。别后相思长在眼。兰衾犹有旧时香，每到梦回珠泪满。

多应不信人肠断。几夜夜寒谁共暖。欲将恩爱结来生，只恐来生缘又短。

——《木兰花·初心已恨花期晚》

心中一直有一段打动人心的对话。一男一女在年逾中年才相识相恋，女子总是不无遗憾地对男子说："为什么在我最美好的时刻我们身处两地，我没有依偎在你的身边?"而男子总是宠溺地望着她坚定地说："难道我们现在在一起的时光不是最美丽的吗?"女子的话充满小女子的情态，想把自己最曼妙、最美丽的身影绽放给男子看，而男子的话却体现出了成熟和包容的气概，和你在一起的任何时光都是人生中最美好的。

这首词是一个回忆爱情的故事，有着同样动人的开始。主人公如对话里的女孩子一般有着孩童般的稚嫩。初遇她时，这朵鲜花快开到荼蘼，总是暗自悔恨相遇太晚，白白辜负了自己的那段韶华。这首词没有明确的思恋对象，从词句上看，应该是小山写给青年时遇到的某位知己。小山一定是怅惘那位女子错过了年轻时的翩翩白衣少年，对感情单纯热烈，对世俗疏狂得毫不在意。带着这种心态开始的爱情，小山一定是用尽了全力去呵护和维系，因为他总是觉得既然错过了最美好的时光，就得在随后的相处中奉献出最真挚的感情。

因为爱得热烈灵动，所以分别后无比怀念那个为爱痴狂的自己，怀念那段浓烈无边的爱恋。每次睡觉时，拥抱的被褥都仿佛带着旧时她遗留的味道，仿佛有一种她从未走远、还酣眠身旁的错觉。房间里也到处都是她的影子，一直到自己的梦里，或走或停，或笑或闹，全是幸福甜蜜的味道，搅得自己的睡眠也不安宁。而梦醒时分才发现自己早已是满脸泪痕，原来自己潜意识里也知道那只是梦，现实早如冰凌般凉薄锋利。夜晚露深寒重，谁又与自己同寝共眠？

小山一生痴恋，在诗歌中留下了无数相思惦念。其实在现实生活中他也有过一段姻缘，这位妻子无论在正史上还是在小山的诗歌里都很少出现，只听闻这位女子不通点墨，对小山清高疏狂的性格颇有微词，连小山搬家时带上半车书籍也破口大骂半天。不知道痴情至此的小山为什么会选择这样一段婚姻归宿，但是他内心对这段回忆的痛苦和不满全折射到他对那些过去的爱情的回忆里了。在这首词的末尾，小山也对回忆中的那个人说着，既然今生你已嫁、我已娶，二人再无可能，那就希望下一辈子我们能在一起，只是恐怕下一辈子相处的时光也不够用。“来生缘”来自唐朝孟棨的《本事诗》：“开元中，颁赐边军纩衣，制于宫中。有兵士于短袍中得诗曰：‘沙场征戍客，寒苦若为眠。战袍经手作，知落阿谁边？蓄意多添线，含情更着绵。今生已过也，重结后生缘。’”本来是没有生还可能的兵士对自己的妻子、家人的含泪之语，“执子之手，与子偕老。死生契阔，与子成说”，“今生已过也，重结后生缘”，小山在这里使用“半生缘”一语是多么悲怆，这辈子既然不能厮守，那么希望人生对自己能够仁慈一点儿，让自己和她下辈子投胎生活在一起吧。

时光不解年年好

玉箫吹遍烟花路。小谢经年去。更教谁画远山眉。又是陌头风细、恼人时。

时光不解年年好。叶上秋声早。可怜蝴蝶易分飞。只有杏梁双燕、每来归。

——《虞美人·玉箫吹遍烟花路》

多情的小山总是很容易被男女之间的爱情打动，抑或是很容易牵动内心的柔情，每一次总能让人在动人的美景之中感受劳燕分飞带来的伤感，惹人无限的愁绪。自古以来，爱情似乎很少有圆满的，不论古今中外，脍炙人口的爱情悲剧总是数不胜数的，牛郎与织女、梁山伯与祝英台、罗密欧与朱丽叶等，这些爱情悲剧总是让人产生对世事无情的感伤，似乎相爱的人总是容易遭到世人的忌妒而受到阻碍。是不是真挚的爱情总是不被祝福呢？是不是根本不存在理想之中圆满的爱情呢？如若不是，为什么又难以长久？为什么历史的长廊中总是有人发出爱而不得的痛苦吟唱？甚至有时候人们会产生到底什么是爱情的疑问，不知道我们多情的小山是不是在落寞孤寂的时候也会发此疑问？无数文人骚客、多情之人看惯了纷扰的世事，却总是难以逃脱爱情的折磨，不禁更让人疑惑爱情的力量到底是魅力还是魔力。

长相厮守是爱情，生死相许是爱情，白头偕老是爱情，不离不弃是爱情。爱情到底是什么，似乎没有人能够说清楚，自古人多言情，却很少有人给爱情一个明确的解释，难道只有圆满的感情才叫爱情吗？我们中国人似乎一直喜欢圆满的结局，哪怕两人生时不能在一起，死了也要化蝶双飞，似乎只有这样才能让人安心。我们似乎都有一颗同情之心，总是希望让那些相爱的人生死不离。其实也许是我们都理解错了爱情真正的内涵，有缘无分、相爱却不能长相厮守、折磨人的单相思或许才更是最普遍的爱情，相爱厮守的喜悦是爱情，爱而不得的痛苦也是爱情，不知道小山是不是也曾经思索过、揣度过呢？

善于言情的小山，总是能够撩人心弦，让人心怀有所触动。他的细腻很容易将忧思的感情融入到四季的景色之中。在《蝶恋花·卷絮风头寒欲尽》中，小山将盼望归人的失望融入到晚春将尽的无奈之中，“恼乱层波横一寸，斜阳只与黄昏近”的悲喜交加的复杂感情让我们更能感受到他的细腻与深刻。

优美的玉箫声在繁纷的烟花路上散落四处，没有一丝安静。时间一天一天地过去，远山在薄雾中若隐若现，寒风在时光的转送中日益肆虐，冷秋越来越近了，令人苦恼的时节毫无悬念地到来，这个季节更容易让人无绪地伤感。时间一天天地转逝而去，年岁在轮回中前进，岁月总是不停地追赶着驶向远方，徒留下伤感之人的无奈。

雾霭朦胧，寒风阵阵，孤独的树木诉说着秋日的荒凉和无奈，只等着冬日风雪无情的肆虐。枝头的树叶飒飒作响，像是使者般向世人宣告秋的到来。落叶片片，无声地飘落，是心甘情愿的舍弃还是被逼无奈的逃离，是风的无情还是树的无意？然而，无论如何，它终究免不了回归大地的命运。终日高高在上的飘零，是不是也有无可奈何？是不是也有回归的渴望？多情厚实的大地终究是它最终的归宿。冷风卷着落叶，也带走了双宿双飞的蝴蝶。伤感的时节总是那么容易牵动人的思绪，单飞的蝶儿也如此扎眼地闯入，是故意为之还是心所向之？回望孤独、静寂的空房，燕子也早已不在了，可是来年春时，燕儿依旧会嬉闹梁间，双宿双飞。

双宿双飞的蝴蝶一直是世人羡慕的，可是小山却让它们分飞而去，是蝴蝶容易分飞还是故意阻扰？是因羡生恨还是无奈为之？爱而不得的苦闷让人愁绪万千，平日双飞的蝶儿竟也成了碍眼的，非让它们分散。连蝴蝶都失去了往日的痴情，更何况是无情的人呢，即便是痴情地等待又有什么意义呢？求而不得的苦闷该如何排解，只得寄托在来年的燕子身上。年年岁岁，也似乎只有燕子会不离不弃地守候，年复一年地归来离去。小山总是以异乎常人的想法寄托自己的情愫，双宿双飞的蝴蝶在世人眼里是如此地痴情，可是小山却责怪它们容易分飞，世人眼里的“劳燕”在他看来却是如此地痴情。疑惑之时，更能深刻地感受到小山此时内心深处的孤寂和无奈，以及那不能长相厮守和求而不得的愁闷。

幸福的人都是相似的，不幸的人各有各的不幸，爱情也是如此。不幸的爱情总能博得世人的眼球和同情。两人全心全意地相爱尚不能长相厮守，更何况一个人的单相思呢？除去劳燕分飞的爱情故事，更多的便是单相思的无奈和忧思了吧？单相思自古也是不足为奇的，多情的人总是容易被无情的冷漠伤害，你有情他无意，他终究不是你的那个人，强扭的瓜不甜的道理没有人不清楚，可是很多人仍然掌控不了自己内心的感情。人是有感情的动物，可是却又不能轻易地掌控它，着实令人苦恼。可是话又说回来，如果人可以轻易地控制感情、转移感情，又怎么会有那么多的单相思呢？更不会有为爱疯狂的痴情之人了，那么小山也不会对求而不得的爱情有如此深刻、细腻的感触了。所谓世事难料，人心更是难以掌控。愁苦也罢，无奈也好，改变的是时光岁月，不变的是痴情的守候，留下的是千古绝唱。

弦上啼乌此夜同

日高庭院杨花转，闲淡春风。昨夜匆匆，颦入摇山翠黛中。

金盆水冷菱花净，满面残红。欲洗犹慵，弦上啼乌此夜同。

——《采桑子·日高庭院杨花转》

又是一年春寒时，阳光渐暖的天空上，太阳高高地占据了最好的位置，无人企及。早春的天空总是遥远而又干净的，虽然有些许寒风刮过，却阻挡不了太阳的热量。经历了严寒的冬日之后，这样的天气尽管仍有一丝寒意，却让人无比眷恋。它不同于夏日的酷热，浓烈地炙烤着人们，让人烦躁不安。初春的太阳，不那么刺眼也不那么含蓄，让人愿意坦然、直接地接受它的洗礼，享受它柔软地抚摸。

日光下，庭院安静地享受着这春日的温暖，万物还没有显露出生机，一切还是那么地安静，只有杨树上高高的杨花在独自绽放着，随着微风的吹拂在空中飞舞着、跳跃着，给这沉寂的天空增添了一丝生气。

古代诗词中，描写春天的诗句很多，写春天景物的诗句也很多。大地复苏，万物从沉睡中苏醒，让经历严寒冬日的万物充满生机，所以春天总是能受到诗人们的亲睐，特别是春天百花争妍，更受人们的喜爱。春天的花朵被多情的诗人们赞美、歌颂，“春色满园关不住，一枝红杏出墙来”、“人间四月芳菲尽，山寺桃花始盛开”、“一花独开不是春，百花争艳香满园”……无数的春景被写入诗词，诗人们似乎和春天结下了不解之缘，也让人们感受到了春的无限魅力。在写春的诗句中，最多的要数写春天的百花了，但是描写杨花的却不多，“中庭月色正清明，无数杨花过无影”、“春风不解禁杨花，蒙蒙乱扑行人面”、“不肯画堂朱户，春风自在杨花”，这样的诗句虽然也可以找到，但是和描写其他春花的诗句是绝对不能比的。杨花似乎没有桃花的艳丽、梨花的洁白，它高高地站在枝头，静静地开、静静地败，只有在飞落的时候人们似乎才意识到春天的世界里还有它的存在。

尽管小山对春天有一种特殊的喜爱，可是这早春的天气除了些许春寒料峭，更多的是一份沉寂和安静，万物尚在苏醒的路上，一切都还是慵懒的样子。这样的天气虽没有那么寒冷，却也没有那样地充满生机，所以这样的天总让人感觉睡不醒，春困时节又来了。伊人独坐在这早春的院子里，慵懒地晒着太阳，懒懒地望着天空，享受春风拂面的温暖。

一夜又匆匆地过去，精心装扮的容颜在镜子里是如此地美丽动人，只可惜这装扮迎来的不是真心，而是逢场作戏的欢愉。金色的水盆里，热水早已经冷却了，却依然那么干净地躺着，脸上还残留着的浓妆，早已失去了昨晚的艳丽，可是此时此刻，却懒得清洗，罢了，洗了又能怎么样呢，晚上不还是照样如此？

小山以细腻的语言，描绘了初春时节一位风尘女子独坐的画面。早春时节，微风吹拂，太阳慵懒地照射着万物。在一个院子里，一位刚刚晨起的女子在凳子上享受着这春日的阳光，脸上还残留着浓妆，旁边水盆里的热水已经没有了热气，手绢干净地躺在盆沿上。

在小山的作品中，有很多描写女人的诗歌。这些女子大部分都是歌伎舞女。由于小山自身的遭遇处境，《小山词》

中有少量描写歌伎舞女生活的作品，从不同侧面反映了她们的不幸遭遇，细致地刻画了她们的内心活动。

日日双眉斗画长，行云飞絮共轻狂，不将心嫁冶游郎。溅酒滴残歌扇字，弄花熏得舞衣香，一春弹泪说凄凉。

在这首《浣溪纱》中，小山就描写了舞女们的生活和苦闷。她们为生活所迫，不得不梳妆打扮，以博得人们的欢心。小山对这些被生活所迫之人表达了很多的同情，因此在他的诗词中我们能够感受到她们的苦闷和无奈。这首词也一样，每天精心打扮博取人欢心的日子，实在让她们厌倦，可是又能怎么样呢？

小山在经历了由富贵到贫困的巨变之后，他的内心也发生了很大的变化，抑郁和失意后的悲哀在作品中随处可见，但也正是因为这样的经历，使他的诗词具有“清壮顿挫，能动摇人心”、“其淡语皆有味，浅语皆有致”的优点。虽然他的诗词中多数是儿女情长之语，却活跃着内在的生命，千百年来仍然打动人心。

再精心的打扮也只是逢场作戏，脸上强颜欢笑，可是却掩盖不住内心的悲酸。为了生计，赢得客人的欢心，只能强迫自己高兴、愉悦，可是当欢笑结束之后，剩下的只是“一春弹泪说凄凉”了。日子一天一天地过去，那么漫长又那么匆忙，漫长的是要忍受这无奈的悲凉，匆忙的是无情岁月催人老，现在尚可以打扮、强颜欢笑，可是老了呢？

小山对这些风尘女子充满了同情，在为她们感到无奈的同时，也感慨自己的遭遇，有一种同是天涯沦落人的感觉，他们同被命运捉弄，而又不得不苟且地活着。没有任何希望的生活是让人难以忍受的，如同行尸走肉般的生活日复一日地重复着，充满无奈。

若比银河路更遥

渌水带青潮，水中朱阑小渡桥。桥上女儿双笑靥，妖娆。倚著阑干弄柳条。

月夜落花朝，减字偷声按玉箫。柳外行人回首处，迢迢。若比银河路更遥。

——《南乡子·渌水带青潮》

清澈的水卷携成浅浅的潮，奔涌着，欢快地跳跃着，水中朱红色栏杆围绕着一座小桥。桥上站立着一位曼妙的女子，笑靥如花，妖娆万分。她轻轻地倚靠着栏杆，拨弄着手中的柳条。这是一幅绝美的画卷。在一片温暖的阳光下，一片安静的水在静静地流淌着，微风中青色的潮在水面上涌动着，一层追赶着一层，嬉戏着，欢笑着。女子好似一朵美丽妖娆的水仙花，为这动人的湖面增添了一道亮丽的风景。

这美丽的风景犹如世外桃源，安静而又平和，也只有在诗人们的世界才能体会到这样美丽的景色吧。

多情的女子在这美丽的画卷中享受着自然的赠予，水边的柳条婀娜地随风飞舞，像一个个亭亭玉立的美女在观赏美景，映衬着这桥上的女子。女子调皮地从柳树上折下一枝柳条，倚靠着栏杆，摆弄着柳条，她轻盈地舞着，这柳条在她的手中似乎有了生命，那么灵活地、快乐地飞舞着。女子时不时地用柳条触碰清清的河水，点点水滴随着柳条在空中绽放，在阳光下闪着五彩缤纷的光芒，水是那么地清澈，足以看到水底的砂石，偶尔还有几条鱼儿嬉戏而过，一切都是那么地温馨，那么地充满生机。人享受着这美丽的景色，也如同在画中一般。

天渐渐地暗下来了，太阳结束了一天的奔程，月亮适时地出现在天幕中成了主角，一天又结束了。在月光的照射下，白天的一切更加地动人，更是增添了一份神秘色彩。美丽的女子仿佛还在等候着什么，不舍离去，岸上的花朵在无声无息地飘落，似乎还有一丝不舍，可是又能怎么样呢？该离去的还是应该离去，这就是自然规律。

女子望着眼前的一切，拿出玉箫吹奏着曲子，时不时地张望着远处柳树外的小路，希望有人归来，可是遥远地望去却没有一个人，此时的小路是如此地遥远，似乎比银河还要漫长，怎么也看不到尽头。

黑夜里，孤独的一个人在吹着箫，尽管景色动人又能怎么样呢？现在也没有任何心情去欣赏了。回想当初在一起时的种种愉快和分离时的无奈，以及日日思念的痛苦，真的让人无限地难受啊，为什么人要分离呢？为什么不能长相厮守呢？这样的等待何时才能结束，没有人能回答。

小山再一次为我们描绘了一位痴情女子的形象，在美景的映衬下，显得更加凄凉。年复一年，日复一日的等候，等来的却是无限的失望。可是除了等待又能怎么办呢，多情总被无情恼，痴情的人总是容易受伤害。人们总是说爱情是不公平的，双方必定有一方是付出较多的那个，可惜这付出多的一方大都是女性。

有时候，看着她们被思念和无奈折磨真的很痛苦，封建礼教对她们的伤害真的是太深了，小山大概也有这样的感觉吧。在生活面前，她们是弱者，只能心甘情愿地忍受一切；在爱情面前，她们更是毫无反抗的能力，即使被抛弃了也要孤苦地守候着。人们只知道贞节牌坊的荣誉，却不懂得女子受到的折磨，她们不得不承受着一切痛苦，直到死去。人们只会同情那些身体残疾、遭遇不幸的人，可其实古代的女子才是更值得同情的，就像小山诗词中经常出现的歌伎舞女形象，她们被迫沦为风尘女子，却还要每天强颜欢笑地接待客人，无奈地做着自己厌恶的事情，每天没有希望地活着，如行尸走肉般生活在社会的最底层，饱受折磨和凌辱，却得不到解脱，她们才更可怜，可是却很少有人对她们伸出援助之手。小山同情她们，是因为他的遭遇让他能够体谅这些人的无奈和痛苦。

自古逢秋悲寂寥

莲叶雨，蓼花风。秋恨几枝红。远烟收尽水溶溶。飞雁碧云中。

衷肠事。鱼笺字。情绪年年相似。凭高双袖晚寒浓。人在月桥东。

——《燕归梁·莲叶雨》

诗人往往不会无端地赞美景物、事物，不是借景抒情，便是托物言志，自古大都如此。“予独爱莲之出淤泥而不染，濯清涟而不妖，中通外直，不蔓不枝，香远益清，亭亭静植，可远观而不可亵玩焉”，周敦颐对莲花情有独钟，而陶渊明却对菊花有一种特殊的感情，还有很多人钟情于梅花，不管写怎样的景物总是寄托着作者的一种特殊感情。

诗人总是喜欢借景抒情，用一个个生动的景物传达自己内心的情感。马致远《天净沙·秋思》：“枯藤老树昏鸦，小桥流水人家。古道西风瘦马。夕阳西下，断肠人在天涯。”诗人用“枯藤”、“老树”、“昏鸦”、“小桥”、“流水”、“人家”、“古道”、“西风”、“瘦马”、“夕阳”等景物组成了一个个独特的镜头，描绘出游子的生活，渲染出悲凉、冷清、萧瑟的气氛，作品内容本身简简单单、普普通通，可是传达出的感情却让人揪心，使人感慨。

诗人笔下的物总是带有诗人的气息，是诗人化的，仿佛诗人们的灵魂都寄托在这景物中。因为只有如此，诗人才能如此生动地刻画景物，表达自己的感情。情至深处，便会触景生情、融情于景，在写景的时候便会处处流露着感情，渲染着感情，多情之人、细腻之人更是如此。小山以细腻著称，他的景总是被情渲染着、熏陶着，处处是景，处处是情。多情的人总是敏感的，在不经意间便触动了心弦，点燃了情愁。

秋天总是让人莫名地感伤，总是让人多了一份悲情，“自古逢秋悲寂寥”，秋风飒飒，万物枯黄，不免让人感伤。生活中，人人都会有很多的不如意、不顺利，可是如何排解自己内心的郁闷和感伤，每个人都有不同的方式。多情的文人们遇到怀才不遇、被人排挤、官场失意、爱情不顺等等不快的时候就会通过写文作诗的方式来发泄内心的苦闷。有人会感慨生活的不顺和事业的不顺，可是就是因为这些不顺利才让人更加地奋力前行，经历风雨才能更加珍惜雨后的彩虹，才能丰富人生的阅历，让自己更加地进步。古往今来，都是如此，多情的诗人也是在不断的生活磨砺中得到灵感，从而获得心灵上的涅槃。中国历史上的大诗人有哪一个不是在自己一生中最为颠簸流离的日子里写下最为不朽的著作和诗词呢？曹雪芹经历家庭的由盛而衰，看透了世事的悲凉，才写出了不朽巨著《红楼梦》。小山亦是如此，在看透了事态炎凉、人情冷暖后，对生活才有更加深刻地理解和阐释，才能写出更深刻的文字。

薄情寡义之人是无法理解的，也永远做不到这些。痴情之人固然有他可悲的地方，可是他的内心却是丰富的，因为他心中有真情在，有追求和渴望在。而薄情的人早已经没有了希望和幸福，他们出卖爱情和真情，内心空虚地在纷争的尘世里穿梭。是痴情之人太傻，还是薄情之人可悲？

一年又一年的等待，换来的是一年一年的失望，不说人无影，连一封书信也没看到。鸿雁尚能传情，可是谁能带来离人的音信？没有，一丝消息都没有。尽管理智告诉自己不能再如此，可是心却不属于自己，无论如何都控制不了思念的心，仍然每一次都满怀希望地在等待，在翘首盼望。都说“年年岁岁花相似，岁岁年年人不同”，可是现在是“年年岁岁情相似，岁岁年年花不同”。即使时光流逝，等待还是一如既往，痴情还是坚如磐石，即使海枯石烂也不会轻易转移。独自站在高高的楼上，踮起脚尖，拂起双袖，只为站得高、望得远，只为能在第一时间看到归人的身影，盼望归人的远道而来。即使天已转秋，日渐寒冷，仍然一如既往地在寒风中等待着。天色渐渐地暗了下来，一天又结束了，可是仍然不愿回去，痴痴地等待着，不知不觉日落月出，却依然不放弃希望，等候在门口的小桥边，等待只为归人的归来，可是什么时候才是头呢？

翘首盼望、痴痴等待的似乎永远都是女人。在无数的诗词中，只有女主角在等待，似乎没有男人的身影。如此看来，多情之人以女性居多，其实不管是单相思还是被抛弃，总是女人居多。我一直觉得女人要比男人重情，比男人痴情。在小山的作品中，主角大多数也是女子，她们或者被逼无奈沦为舞女歌伎，或者独守空房等待归人，或许在小山的眼里女人也多是痴情的吧？

金闺魂梦枉丁宁

关山魂梦长，鱼雁音尘少。两鬓可怜青，只为相思老。

归梦碧纱窗，说与人人道。真个别离难，不似相逢好。

——《生查子·关山魂梦长》

从来没去过迢迢关山，只是在小山的书信中和别人聊天的只言片语里听到，但却把它的一山一水牢牢记在心里。因为他踏上了关山的征程，从此把自己的牵挂和衷肠也一路带到关山。所以，在溟蒙的梦里，自己仿佛是个去过关山无数次的人，每次在夜深悠远的梦里自己都会跨过巍峨的高山和广袤的大海，飞到那连绵、苍莽的山峦里，然后俯瞰大地，四处寻找那个熟悉的身影。然后，就在重峦叠嶂的军营中看到他，或勤奋习武，或奋笔疾书，或把酒言欢，或孑然独立，总是思念中的样子。

可是梦境终究是梦，一旦天亮，一切就如阳光下的气泡，旋即破碎，自己还是一个人抱着冰冷的玉枕凉席，独自坐看日光的长短变化，而关山那边仍查无音信。

懵懂无知时读诗词，看到李白曾经写过“白发三千丈，缘愁似个长”，李清照曾经写过“莫道不销魂，帘卷西风，人比黄花瘦”，苏轼写过“多情应笑我，早生华发”，当时还觉得不可置信，头发和体重怎么可能发生这么大的变化？不过是文人为了突出表达效果的修辞罢了。可是，自从他踏上征程，自从自己开始思念，才真正体会到这种思念和忧伤的力量。又是一个无眠的夜后，揽镜自照，竟然发现自己面容憔悴。自己的满头乌丝也因为夜夜的煎熬不复存在。夜不能寐，食不甘味，两鬓泛青，沈腰潘鬓，原来都是因为相思无着的缘故。

对于这对为相思煎熬的人儿来说，支撑他们走下去的动力就是下一次的重逢，然后在重逢时细细回顾这一路走来的相思之苦和不懈相守。这首《生查子·关山魂梦长》里的主人公也是这样，在思念叫嚣、孤苦难熬的时候，提醒自己再多一点忍耐和坚守，就能迎来那一幅两人相逢的图景。何时能够相聚在家乡那一帘绿纱窗下，依偎在他坚定的怀抱里，聆听他思念的心跳？到那个时候，终于可以肆无忌惮地释放、袒露自己的委屈。别离的辛苦终于到达了尽头，可以尽情品尝相逢的甜蜜。

《诗经·郑风·风雨》也有一段描写情人相见的快乐，“风雨凄凄，鸡鸣喈喈。既见君子，云胡不夷？风雨潇潇，鸡鸣胶胶。既见君子，云胡不瘳？风雨如晦，鸡鸣不已。既见君子，云胡不喜。”见到君子后，什么疾病都自然会烟消云散，只有深深的喜悦。

小山这首《生查子》约作于元丰四年（1081 年）至元丰八年（1085 年）间，这段时期宋与西夏战事频繁，人们颠沛流离，妻离子散。壬辰有诏曰：“州民为寇所掠，庐舍焚荡者给钱帛，践稼者振之，失牛者官贷市之。”这一年的小山已然 46 岁，早已过了年少轻狂的年龄，也对世间的流离和疾苦有了更深刻的体悟，所以他的《小山词》突破以往在自己狭窄的记忆空间里上下挣扎的樊笼，而在思念中加入了更宏观的描摹和记叙。

在小山的另一首《少年游》里，也描写了战乱时期的爱情和相思。

西楼别后，风高露冷，无奈月分明。飞鸿影里，捣衣砧外，总是玉关情。

王孙此际，山重水远，何处赋西征。金闺魂梦枉丁宁，寻尽短长亭。

没经历过战场上的厮杀，想象不到那份生命如草芥般瞬间化为乌有的惨烈和悲怆，感受最深的却是战争带来的别离和疾苦，因为自己的幸福就因为他的征戍戛然而止。

难以忘记西楼送别时的那幅景象，为他披上战袍和盔甲，不再像以前那样暗自欣赏自己身边人的帅气，而是心中缓缓泛起一种苦涩：何时能够再见这副容颜？他也像《诗经》里的那个男子一样为自己许下“死生契阔，与子成说。执子之手，与子偕老”的誓言，可是战场无情，这一面之后会不会就成了永别？

自从西楼别后，感受到的不再是风花雪月和柳绿花红，而是一个人行走在暗夜里的风高霜重，再没有人帮自己抵挡侵入骨髓般的寒冷。夜晚由于空守显得格外得长，一个人硬是靠听着沙漏沙沙作响，看着明月在天上慢慢移动的轨迹而挨到天明。夜幕里看到的是孤鸿片影，它们也会为分离而怅惘流泪吗？李白在《子夜吴歌·秋歌》里写过，“长安一片月，万户捣衣声。秋风吹不尽，总是玉关情。何日平胡虏，良人罢远征”。寂静的夜让万户捣衣声声声入耳，她们也像自己一样难以入睡，干脆起来为远人做好冬衣吗？原来，惦念玉门关的，不止自己一人。

关山迢迢，山高水远。不知道战场上的人儿此时此刻又在哪里奔走作战。相见无期，但会在梦境里见到他，像往常一样百般叮咛，叮咛他照顾身体，叮咛他注意安全，叮咛他早日归家，勿忘相思人。可是，梦醒之后，一切又成空，寻遍送别的长短亭也找不到他的身影。

离别和相思都是苦涩而又美好的。王维的《山中送别》曾言：“山中相送罢，日暮掩柴扉。春草明年绿，王孙归不归？”春草一年一绿，带来无限春光，可是作为我人生春光的你为什么不归来？

初将明月比佳期

曲阑干外天如水，昨夜还曾倚。初将明月比佳期，长向月园时候、望人归。

罗衣著破前香在，旧意谁教改？一春离恨懒调弦，犹有两行闲泪、宝筝前。

——《虞美人·曲阑干外天如水》

陈廷焯谓“北宋晏小山工于言情”，既包括“几回魂梦与君同。今宵剩把银釭照，犹恐相逢是梦中”的思念，也包括“当时明月在，曾照彩云归”的追思，还包括“殷勤理旧狂”的沧桑，当然也不能少了中国古代诗歌中常见的闺怨。小山的这首《虞美人·曲阑干外天如水》就描摹了一个望穿秋水、失魂落魄的女子形象。

栏杆外的天空澄澈空明如水，疏朗的星辰数点，仿佛水里的沙砾片片。那是自己十分熟悉的夜景，因为有无数个夜晚自己独自依靠在栏杆上，在夜风的吹拂中放飞回忆和对他的思念。自己也熟悉夜空中那轮清亮的圆月，熟悉它阴晴圆缺的每一个日子，因为收不到他的来信，月亮是自己唯一挂念的东西。月圆之夜，便是游子归家、夫妻团圆之时吧。那时候的自己，犹如一位天真的孩童，日日掰着指头记录月亮在天空中的踪迹，是多么单纯啊！

等待，是一件甜蜜的事情，因为等待的那头便是相聚。但是等着等着事情就变了，因为音讯不再、爱已不再，仿佛原本并肩走在人生道路的两个人走着走着就散了。自己的衣服穿旧了，可是依稀还能闻到两个人亲密时恩爱的味道，可是究竟为什么那些海誓山盟说没就没了呢？自己犯了什么错误，自己又该做些什么，破镜能不能再圆……以前还沐浴在爱河时的自己单纯幸福，从没想过这些问题，但爱情走失之后，她开始一遍遍思索这些问题。可是，这些问题是最深刻的人生命题，自己探索不过是自寻烦恼，无济于事，最终还是迷失在“他不再爱我”的迷宫里。被这种无力感折磨，还是算了吧。抱着自己最喜欢的古筝，想起当年待字闺中时古筝是自己最喜欢也最拿手的乐器，每每一曲终了，总能获得满庭喝彩。那时的快乐是单纯而纯净的。可是现在连最喜欢的古筝都提不起兴致，还没拨弄两指，眼泪就怔怔地流了下来，打湿了琴弦。

这样的场景让我们迅速想起了诗词中无数个哭泣无助的妇人，如那位冷静地说着“弃捐勿复道，努力加餐饭”的女子，如“忽见陌头杨柳色，悔教夫婿觅封侯”的女子，如“懒起画峨眉，弄妆梳洗迟”的女子。古代女子的活动范围有限，从小受到的便是三从四德的教育，再加上接触的人也有限，自然对自己的夫婿死心塌地。而在外经商、求学、从政的男性则恰恰相反，他们很容易找到感情的替代品。所以，古代的爱情是不对等的，闺怨的大量存在本身就是一种悲剧。

只是，小山笔下的闺怨诗更意味深长。小山本就尊重、爱惜那些弱势女子，能够感同身受地写出这样的诗词本就正常。只不过结合自己苦涩伤感的感情经历，不知道这里面的女子是不是自己的化身呢？

谁堪共展鸳鸯锦

一醉醒来春又残。野棠梨雨泪阑干。玉笙声里鸾空怨，罗幕香中燕未还。

终易散，且长闲。莫教离恨损朱颜。谁堪共展鸳鸯锦，同过西楼此夜寒。

——《鹧鸪天·一醉醒来春又残》

西楼空房，独自一人，与影对饮，沉沉睡去，连梦都不见了，似乎只有如此才能让这漫长而又黑暗的夜，加快离去的脚步。浑浑噩噩地醒来，望向窗外，雨飘花落，竟然又到了春残时候，是睡得太久还是春去得太快，孤独的野棠梨树的枝叶上还残留着昨夜的雨滴，此时看上去竟然与离人的泪如此地相像，是否棠梨树也在为这残破的春天哭泣，诉说着对它的无限不舍和依恋？美好的时节又要过去了，可是还没有来得及欣赏。时光匆匆，日复一日，年复一年，变的是景，不变的是情。

小山总是那么细致而又敏感地感受着周遭的一切变化，是不是因为孤寂无聊，暂且以此来打发时间，还是太多的伤悲无处倾泻，以致连周围的一切都被感染了？孤独难耐，夜不能寐，似乎只有酒才能将自己麻醉了，不去想世事的烦琐，不去触动心里最柔软的地方，不去回忆伊人的甜美的幸福，暂且以酒替代吧，在酒的世界里寻求一丝慰藉。古往今来，太多的人喜欢借酒消愁，无处安放的愁苦和忧思似乎只能在酒的世界里寻求片刻的安宁，尤其是多情的文人墨客，更喜欢以酒为伴，无酒不欢。

酒在中国的文化中是源远流长的，不管是文人还是武者，对酒都有一种特殊的喜爱。有人说他们喜欢的不是酒本身，而是那种气氛，一种无拘无束、洒脱的气氛，当然，也有人是因为借酒消愁而喜欢酒。不管怎么样，酒在中国总有一种特殊的意义、特殊的地位，长久的发展使中国形成了独特而又内涵丰富的酒文化，且这种文化在中国传统文化中占有一席之地，即使到现在也是中国传统文化的重要部分。

古代诗词中有无数关于酒的句子，一代枭雄曹操的“何以解忧，唯有杜康”，才华横溢的李白只有斗酒才能诗百篇，并留下脍炙人口的“抽刀断水水更流，举杯消愁愁更愁”，王维在送别友人时的“劝君更尽一杯酒，西处阳关无故人”，连李清照也会闲来无事，小酌一番，不然怎么会惊起一滩鸥鹭？借酒消愁、以酒会友、以酒抒情的诗人实在是不可胜数，似乎没有酒就不能成为一名文人。“平生诗与酒，自得会仙家”，有诗、有酒的生活甚至比神仙过得还要舒适，难怪文人们那么钟意于酒。酒不仅能促进友人之间的感情，还可以消解忧愁和无奈，借酒消愁已经成为大家的共识，我们暂且不说是否真的能消愁，或者是更增添了愁苦，可是单单是那种毫不约束的洒脱就让人向往了，借助酒可以发泄自己内心最真实的想法，倾诉最深刻的感情，也许只有在酒后才能更加看清自己的心，酒后不仅吐真言，更吐真情。

一夜沉醉，小山是忘记了内心对离人的思念，还是让自己更加认清内心的那份感情呢？或许只有他自己明白。一夜的酣睡，暂且忘记一切烦恼，缓缓地醒来，又是残春了，梨树上的雨滴诉说着昨晚的夜雨绵绵，此时却突然觉得这不是雨滴而是离人的眼泪，那么晶莹，那么剔透。怎么又突然想到她的伤悲，不是借酒麻木自己了吗？不是试图忘记这一切的伤感和愁苦吗？可是却又心不由意地想起。如此看来，酒真的不能让自己忘记烦恼，只会增添更多的无奈和痛苦。一夜而已，雨飘花落，春天就已经不再了，遥想往昔一切的欢乐、幸福似乎近在眼前，却又遥不可及，美好的事物总是如此地短暂，让人猝不及防，一切都消失不见了。

“感光阴之易迁，叹境缘之无实”，即使无奈又能如何呢？雨后醒来，思绪万千，百无聊赖，只好以玉笙解忧，除此之外，无计可施。独坐窗台，瞭望远方，在悠扬的玉笙声里，景致显得如此美丽动人，可是孤鸾却哀怨地号叫着。房内罗幕中残留着馥郁的幽香，夏天就要到来，可是离去的燕子却还没有归来。燕子从前那么守时地出现，可是现在已经晚春了怎么仍然不见其踪影？等待，是如此地漫长，会有归来的那一天吗？还记得来时的路吗？是否知道有人在痴心地守候，然而希望却是那么渺茫。

希望渺茫，即使再怎么忧愁也是无可奈何的，不如暂且在悠闲中度日吧，莫让离愁别恨损害了青春美好的容颜。人生在世，又岂止是离愁别恨呢？那只会空损容颜，暂且用悠闲聊以自慰吧。此时的小山，理智上告诉自己空余恨是毫无用处的，只会伤害自己，还不如放下来，让自己享受美好的东西，可是此时的他真的可以做到吗？即使是一夜沉醉，看到雨滴都会想到离人的眼泪，看到残春的景物都会无缘由地伤感，他真能放下一切吗？“谁堪共展鸳鸯锦，同过西楼此夜寒。”他终究还是控制不住自己内心的情愫，幸福的瞬间总是不时地出现在大脑中，还是记忆犹新。想忘不能忘才是更痛苦的，这样的情景已经无数次地出现，理智终究还是打不过痴心。

《卫风·伯兮》中这样记叙一个女子与爱人别离后的心态，“伯兮朅兮，邦之桀兮。伯也执殳，为王前驱。自伯之东，首如飞蓬。岂无膏沐，谁适为容？其雨其雨，杲杲出日。愿言思伯，甘心首疾。焉得谖草？言树之背。愿言思伯，使我心痗”。自从他跟着军队走后，自己也无心梳洗，首如飞蓬，心也早已随他去了。

人为什么会如此痴情呢？绝情一点就不会如此痛苦了吧！小山也是痴情之人，必定会为情所困、为情所伤。小山若不如此痴情，恐怕也不会如此地痛苦，曾经拥有是美丽的回忆，长相厮守才是最大的幸福。离人已去，我心依旧，徒留无限的苦痛折磨。春寒料峭，长夜漫漫，西楼帐卧，谁共晨夕？多么令人无奈而又痛苦的质问，可是除了一夜一夜的以酒相伴，又能怎样呢？只能在沉醉中得到一丝安慰。

第三卷

书得凤笺无限事，犹恨春心难寄

相思在小山的内心泛滥成灾，但此情无计可消除，只得把离愁别恨和无尽相思一笔一笔诉说于红笺中，满纸相思，满纸泪痕，更与何人说？尤恨春心难寄，情到深处，唯有泪千行。

斜月半窗还少睡

醉别西楼醒不记。春梦秋云，聚散真容易。斜月半窗还少睡。画屏闲展吴山翠。

衣上酒痕诗里字。点点行行，总是凄凉意。红烛自怜无好计。夜寒空替人垂泪。

——《蝶恋花·醉别西楼醒不记》

最美丽的风景总是存在于心境最淡然、苍凉的人的眼睛里，因为我们庸碌常人往往会被五光十色世界中的繁华、绚烂夺去眼球和心智，心弦也被金钱、功名利禄、美人皮相撩拨得慌乱无序，哪里又能够与世界上最绝美的风景和起共鸣？

我们在柳宗元的《小石潭记》里嗅到了他贬谪隐避、郁郁寡欢的苦涩味道，也看到了他孑然独立、伫立河边的孤单身影，但是也由他萧然的心境和眼睛看到了一幅繁忙生活中极容易被忽视和错过的美景：清澈碧绿的水波涌动，倒映着的层层叠叠的树木也仿佛有了柔软的腰肢，轻轻摇荡起来。水波下面的青石一块一块，却是形状各异，像岛屿、像高地、又像悬崖，呈现出水里的缤纷斑斓世界。水清如许，几尾游鱼仿佛像游在虚空中，又像国画中留白旁边的静物。它们时而假寐，时而嬉戏，怡然自得，给这个被人遗忘的空间增添了许多生机。这时，站在岸边的柳宗元大概也如梦蝶的庄周一样吧，抛弃了心中的块垒，在这个静谧的空间找到了自己心灵的归宿。

同样的独思者还有清华园里的朱自清，理想的破灭让他痛苦不已，却又无能无力，于是踱步在偌大的清华园里，再没心情注意那些灯红酒绿、觥筹交错，只是把目光投射到清华园的一隅——荷花池上，而此后眼光再也没有移开。在这个凄清敏感的心灵里，一切细碎的美都膨胀为极为美好的感受，而普通的荷花、莲叶也变成了绝美的风景。杨柳和灌木在月光里打下斑驳的黑影，在他心里却俨然成了一幅世界名画。心思敏感的人是幸福的，因为哪怕在委屈、不得志的境遇里，也能凭自己的细腻想象把周围的陋室装扮得金碧辉煌。

而在小山的笔下，我们也总能见到一些美得摄人心魄的景色，比如“舞低杨柳楼心月，歌尽桃花扇底风”，小山偏偏能在香艳的歌舞中看到渐渐低下去的浅黄月光和沉下去的阵阵轻风，也比如“斜月半窗还少睡。画屏闲展吴山翠”。在孤寂的夜里难以入睡，偏偏被倒挂窗棂上的清冷月光搅得更加清醒，辗转反侧又看到屏风上倒映着的叠翠山峦，索性在这浓缩的山川中寄托心思，想象着自己是去层峦之间冒险、徜徉。这样一想，夜就没那么难熬了。

突然想起以前那么多年的酒醒时分，头总是疼得快要裂开，浑身散发着酒味和脂粉味，却想不起前一晚的奢华场景。衣着华丽、舞步蹁跹的少女，觥筹交错、吆五喝六的男人的身影一闪而过。那时的生活总是如酒一般，馥郁、刺激却又那么不真实。而那时的欢愉和相聚，早已如酒醉之夜的梦境和飘忽不定的云层，早已不知道飘到哪里去了，果然是时光无情，岁月残酷。

宴会散尽，人总会从最膨胀的欢乐陷入失落空洞的虚无里。小山也是这样，宴会过后狼藉的杯盏被收拾一空，只有身上点点的酒痕和留下的片片诗词能够提醒自己经历过那么一场欢愉。每一行诗、每一滴酒都让人的心更凄凉起来，欢愉越盛，失落越大。寂静的夜里只有夜风、冷月陪伴着自己回想逝去的繁华。桌上的那根蜡烛，仿佛也感慨着自身的境遇，也在夜晚为人垂泪到天明。

由此看来，过去的欢乐，也能像慢性毒药一样，一点点谋杀掉人的天真和快乐。

却待短书来破恨

新月又如眉。长笛谁教月下吹？楼倚暮云初见雁，南飞。漫道行人雁后归。

意欲梦佳期。梦里关山路不知。却待短书来破恨，应迟。还是凉生玉枕时。

——《南乡子·新月又如眉》

如果身处异地时看到了家乡的特色美食，如果思念佳人时听到了类似她的绵软乡音，如果渴望远行时看到了驰骋翠林的骏马，这些会触动你内心的情绪，然后思念之情就会铺天盖地地向你袭来。

“此夜曲中闻折柳，何人不起故园情。”在某一个时刻听到悠扬的曲子，怎么会不吊起人的思乡之情？“忽见陌头杨柳色，悔教夫婿觅封侯”，在独守空房独赏春色的时候忽然看到撩人景色，怎么会不后悔放手夫婿去追逐功名而离家万里？“郁孤台下清江水，中间多少行人泪”，辛弃疾在孤苦无依的旅途中，突然看到郁孤台下清澈如练的江水，第一反应不是赞叹它的悠远空灵，而是想到点点绿水，多像离人的眼泪，有多少离人像自己一样奔波在迢迢路途中，把愁肠化成了无边泪水？

这首《南乡子·新月又如眉》中也有这样唯美的意境。澄澈月夜，一个人漫步羊肠小道，就在这时候听到了的长笛声，悠扬绵长，百转千回，直至人心最柔软的角落里。是谁在夜里吹响长笛，难道她和自己一样心里都惦念着在浓夜都不曾让人放下的东西？百无聊赖之际，独上高楼，在层层的黑云中就看到南飞的归雁。这才发现原来心底最放不下的是远方的离人。燕回巢，鸡回埘，秋季本就是回归相聚的季节。可是离人何时归乡，让家里不再少一人？飞鸿信少，杳然无声，可千万别说离人的归期还在雁归之后。否则，可真的是要在西风凋碧树时望断天涯路了。

既然现实中无法相见，那就在梦里相约吧。梦，总归是个温暖的容器，因为它隐秘而自由。有两类人爱写与梦境有关的诗词：一类是现实生活不如意、无法实现其怀抱的人，一类是奇思妙想、天马行空的人。而小山同时具备了这两种特质，因此最爱梦。“梦魂惯得无拘检，又踏杨花过谢桥”是在梦里无所羁绊，寻到了佳人旧地；“心期休问。只有尊前分。勾引行人添别恨。因是语低香近。劝人满酌金钟。清歌唱彻还重。莫道后期无定，梦魂犹有相逢”，是把所有再见的期望寄托在梦中，让人心酸，“归梦碧纱窗，说与人人道。真个别离难，不似相逢好”，是梦回故土，和离人畅谈相逢，是说做梦做久了反而对现实的幸福无所适从；“梦入江南烟水路，行尽江南，不与离人遇”，则是说在梦中千帆过尽也不遇离人的惆怅。

沈约在《别范安成诗》里说，“梦中不识路，何以慰相思”，连梦里都无法相见，又怎么能缓解殷切思念？《韩非子》里也有这样的一个小故事：“六国时，张敏与高惠二人为友，每相思不能得见，敏便于梦中往寻，但行至半道，即迷不知路。”小山也有这样的遗憾，想在梦里身赴关山相见，可是关山远渡根本不知去路，不得不让人心生无尽失望。

还是等待青鸟带来的信笺吧。可是究竟是它乐不思蜀，还是辗转流离，不得而知。总之，长亭相送时反复叮嘱的勿忘相思估计早已被抛掷脑后，再没有来自她的只言片语。就算她曾寄信，到达这儿时也该是秋意渐深了吧，那时候不知道自己是怎样熬过那些枕席冰凉、独守空床的日子的呢？薄情的人，真是残酷。

读小山的《南乡子·新月又如眉》，像是读到了王昌龄的“羌笛何须怨杨柳，春风不度玉门关”，或是李白的“长安一片月，万户捣衣声”。借征人思妇的相思寄托心境，这比他那些单纯描写怀念逝去旧爱时光的诗词意境更为硬朗、辽阔。可是，小山毕竟是小山，新月如佳人的眉，大致是因为思念过盛，连看到弯弯新月也会想到她的那一弯柳叶眉，除了他谁还会有这么绮丽的比喻呢？

便是无情也断肠

画鸭懒熏香。绣茵犹展旧鸳鸯。不似同衾愁易晓，空床。细剔银灯怨漏长。

几夜月波凉。梦魂随月到兰房。残睡觉来人又远，难忘。便是无情也断肠。

——《南乡子·画鸭懒熏香》

凄凉的夜独守空房，一丝生机也没有，就连香炉也懒得冒烟了，为这凄凉的夜更增添了几分冷清。独自坐在床边，默默地望着眼前的一切，被子上的那双鸳鸯还是那么栩栩如生，令人艳羡，可是伊人却是孤孤单单，竟然还不如这动物。此时此刻，竟然真切体会到“只羡鸳鸯不羡仙”的惆怅，鸳鸯都能如此痴情地守候着对方，不论遇到什么事情都不离不弃，可是，落花有意流水无情，人却更是无情，无奈又能怎样呢，物是人非的痛又岂止是语言能够表达的？

冷清的夜晚时分，对于多情而又孤独的人来说，夜晚似无情的剑再一次刺入伤痕累累的心。如果说白天看不出也显示不出内心的凄凉，那么漫长而又无聊的夜晚对于孤独的人来说则是更大的煎熬，黑夜总是以其独特的魅力在牵引着人的情愁。漆黑的夜可以笼罩外面的一切烦扰、纷争，可是却掩盖不住心灵，阻挡不了思念。在这万物沉睡的夜晚，没有白天的喧嚣和吵闹，没有尘世的纷扰，一切都是如此静谧。可就是在这样的安静之下，心灵才会更加突出地呈现，此时此刻，才能真正面对自己的内心，才能清醒地看清自己的渴望。如果说白天是假装的冷漠，是带着面具的强颜欢笑，那么晚上摘下面具，才发现自己伪装得太累，内心深处的孤独和思念在黑夜的笼罩下依然如此扎眼，似摆脱不掉的野兽穿行在心的世界，怎么跑也逃脱不掉它的追赶，似夜幕上的点点星光，在夜的衬托下更加地明亮。

鸳鸯依旧，人已去。回想当初两人相守的欢乐之时，觉得夜晚是那么地短暂，总是怨恨天亮得太快、太早，不知不觉夜就被白昼追赶而上。欢乐的时光总是短暂的，更何况是当两个热恋之人在一起相处时，更是感觉光阴似箭，倏忽间时间就过去了。可是现在自己独自一人在这凄凉的夜里守着这空荡荡的房间，感觉夜是那么地漫长，那么地不解人意，只能一遍一遍地拨弄着银灯，无聊地、煎熬地等待着天亮。

越是想要得到的东西，越是难以得到，人们总是羡慕鸳鸯的成双成对、长相厮守，总是以此来表达一种美好的祝福。可是总是事与愿违，祝福永远只是祝福，有多少人能够得到这坚贞不渝的爱情？如果这样的爱情那么容易得到，那么牛郎织女的美丽故事就不会长久流传了吧？梁山伯与祝英台双双化蝶的传说也不会世代传颂了吧？罗密欧与朱丽叶也不会为世人耳熟能详了吧？就是因为爱情的难得，古今中外的人们才流传出这许多动人的爱情故事，即使遇到再多的阻扰，甚至是死的代价，也要不离不弃，这也是人们对爱情最美的期望。“长相厮守”、“不离不弃”、“白头偕老”、“生死相随”，就是因为它们难以实现，所以才会成为广为流传的祝福语，如果这些可以轻易地得到，也就不会成为祝福语了吧？

自古以来，爱情总能引起人们的注意，吸引人们的眼球。人是有感情的动物，对爱情更是无限渴望。美好的爱情固然让人幸福，可是又有多少是圆满、美好的爱情呢？自古都是悲情多于幸福的，不单单是爱情，友情、亲情大都是如此，我们渴望这些，可是却又被它们伤害得遍体鳞伤，但是却仍然不放弃希望，总是对它们抱有最美的渴望。

爱情中，单相思是最痛苦的吧？尤其是被抛弃、被伤害后仍然不能放下的单相思的。有时候，真不能明白人到底是怎样的，明明知道是求之不得的，却依然死心塌地地追求，到最后受伤害的只有自己。我们都明白这个道理，可是真的遇到了这样的事情却又无法自拔，旁观者永远是清醒的，可是有多少次我们能以旁观者的姿态出现？生活是我们自己的，我们无法脱离它，如果可以站在高处俯视，那么人就不会那么痛苦了，黑夜也不会那么漫长了，可是生命也就不会那么多姿多彩了。

越是渴望白天的来临，夜晚越是显得漫长。独守空房，回忆着往昔的欢愉和幸福，似乎都历历在目，仿佛发生在昨天一样，可是现在却是孤独一人，最痛的莫过于此了吧。如若没有拥有过，也不会有如此深刻的回忆，从有到无让人更加地心痛。

一夜一夜地惆怅，一夜一夜地煎熬，多情的小山向我们展现了一位孤独女子内心的无限凄凉。夜在月光中沉沉地睡去，伊人也在思念之中进入了梦乡。日有所思，夜有所梦，思念之人真的出现在梦中，是如此地真切，可是梦是那么短暂，欢乐是那么短暂，睡醒了，人也远去了。然而，尽管只是短暂的相聚，但也让人无限地兴奋，令人难以忘怀，此时此景，即便是无情之人也会断肠，更何况是多情之人呢？

虽然相聚是短暂的，可是依然令人怀念。现实之中不能相见，也只能在梦里短暂地相聚，借助梦境可以实现很多现实中不可能的事情，虽然梦不是真实的，可是至少可以安慰受伤的心灵，让心灵得到一丝寄托，如果连梦都做不成，那么相思之人该如何排解内心的愁苦？唯有化作相思泪，可是日日流泪也只是伤害自己。

小山一直喜欢借助梦境实现现实中达不到的事情，这也是一种解脱的方式，虽然可以得到短暂的满足，可是终究不是现实，但是除此之外还有其他的办法吗？没有，小山借助梦境，多少也反映出他内心对现实的失望和无奈。只有在现实中得不到满足的人才会在虚幻的梦里实现自己的愿望，改变不了现实，可是自己是梦的主人，借助梦可以改变内心的感觉，这虽然有一定的作用，却也反映出小山的无奈。小山借用孤独女子的形象表现自己内心的苦闷，有一种“同是天涯沦落人”的无奈。

欲把相思说似谁

长相思。长相思。若问相思甚了期。除非相见时。

长相思。长相思。欲把相思说似谁。浅情人不知。

——《长相思》

“问世间情为何物，直教人生死相许。”世人皆道爱情苦涩而危险，会让你食不知味，也会让你伤心蚀骨。可是，爱情本身并没有错，爱情是对心心相印、惺惺相惜的认同，是白头偕老、同甘共苦的陪伴，是平平淡淡，生死相依的责任。作为世间最美、最纯粹的情感，它值得我们去追寻，哪怕以一种飞蛾扑火、玉石俱焚的姿态。

“才下眉头，却上心头”，“一日不见，如隔三秋”，这都是身处爱情中的人们的普遍感受。相思无垠，什么时候才能结束呢？李白说，“入我相思门，知我相思苦，长相思兮长相忆，短相思兮无穷极。”徐干在《室思》中写道：“思君如流水，何有穷已时。”徐再思说，“平生不会相思，才会相思，便害相思。”就连乐天也在《长恨歌》里说，“天长地久有时尽，此恨绵绵无绝期。”

小山在这儿写道，“若问相思甚了期。除非相见时”。大概只有见面的时候才能了结相思之苦。他的心中有苦涩，但更多的应该是甜蜜吧，因为爱情让我们的人生有了方向、指引和坚守下去的信念。从词的上片，我们能看出一个沉迷于情感的小山，他可能正在借酒消愁，也可能刚从迷蒙的梦里醒来，为现实生活中找不到她的踪迹而怅然若失，也可能正在回忆着“人生若只如初见”时的悸动和惊喜。其实，小山从不怕为爱痴狂，也不怕忍受相思的寂寥，只是比相思更可怕的是单相思，在一场感情里演一出无人回应的独角戏。

下片里，沉迷在甜蜜里的小山突然露出了怀疑和伤感的表情，自己这满腹相思该与谁诉说呢？是与心心念念的那个她吗？算了吧，因为直觉告诉自己她对自己的用情并不深，怕是无法理解自己这种浓厚的相思之情吧。想到这，一股悲凉之感涌上心头，原来一直以来都是自己在单打独斗，在这场感情的世界里，她可能从一开始就没打算进入。

从小山的诗词里，我们总能看到那种一往情深的思念，却也总能悲哀地发现他在感情世界中存在的不安全感，他在付出感情和思念的同时，总是在潜意识里觉得对方付出的是“浅情”，无法体味自己波涛汹涌的感情，总觉得对方只是在敷衍了事，把收拾感情战场的任务留给了自己。这从他的多首诗歌中都可以看出，比如《菩萨蛮》中“忆曾携手处。月满窗前路。长到月来时。不眠犹待伊”。回忆的尽是当年两人漫步月夜，自己在月夜下等待的温馨场景。而其上片“相逢欲话相思苦。浅情肯信相思否。还恐漫相思。浅情人不知”。这说的也是一番苦涩心情，也是不敢把自己的相思告诉对方，怕对方因为没体会过自己的深情而怀疑自己的用情。又比如《阮郎归》里的“旧香残粉似当初，人情恨不如。一春犹有数行书，秋来书更疏”，小山敏感地意识到对方对感情的回应越来越淡，本就不妥帖的心更加伤感，只好夜夜在梦里舔舐自己的伤口，聊以慰藉。

其实，作为宰相晏殊之子，小山身上本应该有那种天之骄子、唯我独尊的傲气，应该是纵横百花丛，不沾惹一分的潇洒公子，着实不该有这么为爱痴狂、敏感脆弱、被爱伤得体无完肤还为爱执着的性格。究其原因，一方面，家道中落的他也确实没有那种心理底气；另一方面，小山天性如魏晋时期的名士一样，疏朗、狂傲、清高，不把浮名放在眼中，真心在意的只是至纯、至美、至善的情感。从这个角度讲，小山的痛苦其实成就了他的纯洁，因为他追求的是人类最纯净的情感；小山的痛苦也成就了我们的幸运，因为他的诗词让我们在繁华的世界里找到一片澄澈的净土。

相思本是无凭语

醉拍春衫惜旧香，天将离恨恼疏狂。年年陌上生秋草，日日楼中到夕阳。

云渺渺，水茫茫，征人归路许多长。相思本是无凭语，莫向花笺费泪行。

——《鹧鸪天·醉拍春衫惜旧香》

如果一夜之间从钟鸣鼎食、前拥后簇的生活跌落到颠沛流离的境地，我们会怎么样？由俭到奢很容易，因为人总是有借口放纵自己，可是如果我们被迫经历由奢到俭的过程，我们将有怎样的心境？本词就描述了小山的这种心境。

开篇一个“醉”字让人心头一紧，酩酊大醉的生活十有八九是不快乐和不满足的。果然，他东倒西歪地走在路上，不知道已经倒了一回。他醉眼蒙眬，用劲拍着身上的长衫。这件长衫做工精细，布料挺括，一看就不是平价之物，这还是家里留给自己的为数不多的几件东西。他总是穿着这件长衫，是不是这件衣服上带有过去生活的气味，而他潜意识里还怀念那时衣食无忧、体面富裕的生活呢？

想当初，小山出生在钟鸣鼎食之家，父亲身为当朝宰相，家里总是门庭若市，所有人对他都是唯唯诺诺。而父亲过世之后，树倒猢狲散，再没有人凑上来为他提供便利。而他呢，从小就在旁边冷眼看着父亲和一帮官僚讨论和操作政治，早已看透了其中的内情，他继承了父亲的读诗品文的文雅爱好，却没继承他在政治上平步青云的志向和兴趣。与左右逢源相比，他更喜欢待在自己的世界里，摆弄金石和文字。所以，外人看待他为“畸人”。黄庭坚在《小山词序》中形容小山：“常欲轩轾人而不受世之轻重。诸公虽爱之，而又以小谨望之，遂陆沉于下位”，他终究是清高疏狂，不知世道轻重，所以才会像《砚北杂志》中记载的那样：“元祐，叔原以长短句行，苏子瞻因黄鲁直（黄庭坚）欲见之。则谢曰：‘今日政事堂中半吾家旧客，亦未暇见也。’”但是，年少轻狂总是要付出代价的，比如他官职无着，颠沛流离，满腹离恨，都是上天对他疏狂脾性的惩罚。

罢了，罢了，过去的事情就让它过去吧，就这样接受现实吧，这就是生活。

小山告别了家庭，告别了那些温柔体贴的知己们，也告别了过去那个天真无忧的自己。在年复一年的孤独流放岁月中，印象最深的不再是早年那种“舞低杨柳楼心月，歌尽桃花扇底风”的奢华和香艳，而是他征程中那陌上连天、瑟瑟摇摆的枯黄秋草和每个傍晚独倚高楼沐浴的落寞夕阳。

前路何在？“雾失楼台，月迷津渡。”他只看到路上无边的云层和苍茫的海水，哪里能看到陆地和家乡呢？他的旅程仿佛一场西西弗斯的劫难，无穷无尽而又无可奈何。这就是他的宿命吗？

本来腹中有无尽的相思、委屈、期许，可是漫漫艰险的长路和残酷的现实早已把这些温柔的情绪磨灭掉，现在成熟后的他早已知道世界不再是以自己为中心，疏狂不再是一种引以为傲的姿态。所以，还管什么内心的种种小情绪呢？不过是无根无蒂的飘思而已，也不要像过去那样再在花笺纸上写下自己苦涩和心酸的词句了，那不过是白费眼泪和感情而已。

原来，成熟的一个标志便是知道自己的小脾性无法左右我们周围的世界，于是便学会沉默，学会收敛自己的情绪。小山也是用沉重的代价学会了成长。

情深处红笺无色

幺弦写意。意密弦声碎。书得凤笺无限事。犹恨春心难寄。

卧听疏雨梧桐。雨余淡月朦胧。一夜梦魂何处，那回杨叶楼中。

——《清平乐·幺弦写意》

科技的发展使现代人有了繁多的沟通方式。不管多么山高路险，短信、邮件、视频的出现使我们能立刻联系到想联系的人，缓解我们浓稠的相思。联系之后我们就可以心满意足地去干手头上忙着的其他事，不再有沉甸甸的牵挂，也不再有心绪酝酿无边相思，对某人的思念因而也就停留在希望与某人视频聊天的层次。这就犹如快餐的出现，能够立刻满足我们对能量和口味的基本需求，但是也削弱了制作复杂料理时从构思、选材、采购到烹饪的过程中一步步获得的满足感。所以，相思也是一道盛宴，需要我们细细烹饪，才能获得美味。

写信是烹饪相思的一道重要工序。先是铺开薛涛笺，提起毛笔落下蝇头小楷，再呵气凝墨，以吻封装，并把装好的信笺托付于鸿雁驿站，然后就陷入了无尽的惦念和期待中，期待着离人收到自己的满腹相思，期待着云中也有带着滚烫心意的锦书寄来。于是，中国的诗词里，关于锦书的词句是那么精致优美：李清照的“云中谁寄锦书来？雁字回时，月满西楼”，描写女子独立兰舟等待锦书的场景；晏殊的“欲寄彩笺兼尺素，山长水阔知何处”，陆游的“山盟虽在，锦书难托”，柳永的“此情怀、纵写香笺，凭谁与寄”，欧阳修的“别来凭谁诉，空寄香笺，拟问前欢甚时更”都是面对逝去的欢爱感慨情意犹在，锦书难寄；“香笺小字寄行云。纤腰非学楚，宽带为思君”是借香笺寄托无边相思；“汉口双鱼白锦鳞，令传尺素报情人”、“忽逢江上春归燕，衔得云中尺素书”是李白收到远方信笺时的纯真喜悦。

寄托于音符也是制作相思这道“大餐”时的一个重要步骤。把当年初见时的惊艳、相处时的甜蜜浪漫、送别时的依依不舍、别后的煎熬相思全部放在手中演奏的曲子里，在这个高音符里放进去一点对再见的期待，在这个低音谷里放进去一点对分飞两地的怅惘和苦闷，然后酿成一曲满室丘壑起伏、点缀人们种种情绪的乐章。

如果小山在现代重生，定是一位气质谦和、内心细腻的男子。因为他极为敏感，可以敏锐地感受到两个人爱情中的高低起伏，感受到心灵的冷暖悲欢；又因为他嗜爱如命，认为两个人之间的心心相印和甜蜜相依是他存活下去的必需品。现实生活中的他从贵相暮子掉落到贫贱小吏的地位，从被环肥燕瘦环绕到被毫无精神交集的糟糠之妻嫌弃，痛苦不已却又无力逃脱。有情感洁癖的他不愿意与冰冷的现实妥协，便一头扎进回忆里去细细做一道相思的“大餐”。

弹琴鼓瑟时习惯用最细的那一根弦，不是他标新立异，刻意发新声，而是因为共振能弹出最细碎的声音，它们袅袅婷婷地往人内心里钻，能够一直触到内心最边角的突触，并与之完美契合。奏着一曲古筝，就仿佛看到了自己一路以来的情感历程，在自己情绪最盛、快撑不下去的时候通过音乐舒缓调节一下，然后再若无其事地继续着没有她的人生。

弹琴是为了抚慰自己的心神，但是总是有些不服气的相思抬起头来，执拗地要求得到满足。可是佳人无踪、寻人无果，只好把自己的一腔相思寄托在锦书里，把书信当作佳人，向它吐露自己的缠绵情思，可它终究不是佳人，也不知道该把它寄往何处。

在离开的日子里，就开始了相思。而为了缓解这些抑郁难平的相思，琴声悲凉，锦书空寄，成了小山的日常生活状态。"哀筝一曲湘江曲"，弹奏《湘江曲》，并在历史上寻找饱受相思之苦人的共鸣；"欲尽此情书尺素。浮雁沉鱼，终了无凭据。却倚缓弦歌别绪。断肠移破秦筝柱"，想把自己想说的话在信里说给她听，无奈两人之间隔着天与海的距离，锦书也只能堆积成尘。无奈之下，移步走向古筝，操起琴弦，把自己内心的无限悲凉化作一曲曲苍凉筝曲；"云渺渺，水茫茫，征人归路许多长。相思本是无凭语，莫向花笺费泪行"，相思是自己一个人的事情，现实生活也不允许自己的相思信笺投递到她的心上。既然如此，还不如不费心神，不写这些花笺，可是谁又能控制住自己的情绪呢？这些都是这种苦涩生活的记录。

琴声无计可消愁，红笺未能托离忧。小山的这份相思，还缺了一个关键性的程序，那就是做梦。现实生活中无法实现寄托，就在漫无边际、自由自在的梦境里去相见吧。

于是，这一夜，小山早早睡下，不过是期待就着微凉的秋意早日入梦，去梦里赴约。寂寞深院里雨打疏桐，点点滴滴到空阶，是极好的入梦节奏。透过碧色的纱窗看那朦胧的如钩残月，也让人恍惚了现实与虚幻的区别。于是，现实生活中孤苦无依的小山在梦里又回到那一个柳枝飘摇的夜里，因为他知道那里有他最惦念的人。

梦，玄幻而神秘，也是对现实生活的一种补偿。小山被现实生活所局囿，却热衷于写梦，在梦里缓解相思。“春悄悄，夜迢迢。碧云天共楚宫遥。梦魂惯得无拘检，又踏杨花过谢桥”，“别梦依依到谢家，小廓回合曲阑斜。多情只有春庭月，犹为离人照落花”，这是他再熟悉不过的入梦的程序，刚刚入梦就沿着记忆里最深的那道轨迹找到了思念的人的所在。“梦入江南烟水路。行尽江南，不与离人遇。睡里消魂无说处。觉来惆怅消魂误”是偶尔梦境不作美，他生了满腹的委屈和惆怅；“从别后，忆相逢，几回魂梦与君同。今宵剩把银钉照，犹恐相逢是梦中”，最终在命运的恩赐下两人得见，却已经惶恐得不敢相信，还以为是自己的梦。

在梦里，他们是不是也如梁山伯和祝英台，化为烂漫的蝴蝶，终日自由翩飞在花丛中？越热衷黄粱美梦，把梦境写得越斑斓绚丽，越能反映小山现实生活的苍白空洞和苦涩无情。所以，看到这些美丽的写梦的诗词，笔者只为小山感到心酸。

泪弹不尽临窗滴

红叶黄花秋意晚，千里念行客。飞云过尽，归鸿无信，何处寄书得？

泪弹不尽临窗滴，就砚旋研墨。渐写到别来，此情深处，红笺为无色。

——《思远人·红叶黄花秋意晚》

秋天是个寄托相思的季节。大概是因为“长亭外，古道边，芳草碧连天”，“碧云天，黄叶地，乌雁南飞”的景色又一次让人想起执手相看泪眼的送别场景，也大概是因为“冷冷清清，凄凄惨惨戚戚。乍暖还寒时候，最难将息”，这个萧瑟的时光不太适合荷池赏月，一片树叶的落下，一只燕子的南飞，一片清霜的凝结都会触动人最敏感的心弦，然后怅然若失于分飞的劳燕。

所以，送别诗和相思诗中弥漫着浓得化不开的秋意。比如一代词宗李清照的《一剪梅》，在“红耦香残玉蕈秋”的时节，无人陪伴的她更加敏锐地感受到万物的萧瑟，于是她轻解罗裳，缓登兰舟，其实只是望穿秋水，等待远方的那一封红笺。可是，直到雁字回时，月满西楼，也只是自己独立兰舟。晚上气温慢慢降低，秋意变浓，她定是比谁感受得都要强烈，因为内心早已“一种相思，两处闲愁”。“此情无计可消除。才下眉头，却上心头”，是一片无边的秋色，寂寥而清冷。在赵明诚赴任时，李清照在独守空房的重阳佳节写下《醉花阴》。薄雾、浓云都给人一种窒息的压抑和沉闷，总感觉心中的那一份郁结要活活地被压出来。天气阴冷，不宜外出，百无聊赖中只好靠拨弄家里的香炉打发光阴。秋日是个寂寥的时节，越是寂静，越能注意到平时注意不到的细节，夜半月回才发现自己身下的玉枕纱厨是彻骨地凉薄，才发现东篱旁的黄菊在阵阵西风吹拂下早已变得纤细瘦弱，而自己早已是沈腰潘鬓消磨。

再比如范仲淹的《苏幕遮》，“碧云天，黄叶地。秋色连波，波上寒烟翠。山映斜阳天接水。芳草无情，更在斜阳外。

黯乡魂，追旅思。夜夜除非，好梦留人睡。明月楼高休独倚。酒入愁肠，化作相思泪。”秋天的天高云淡、黄叶无边、碧波荡漾、天水一色，带给自己的不是空旷悠远，而是行路无涯，相思无垠。归期未定，从此不敢独登高楼遥望故乡明月，只能把自己的愁肠在一杯杯的浊酒中麻痹。

层林尽染，黄花满地，秋意如一杯酽酽的茶水，把清香和苦涩一并送到人的心里。秋意微凉，最适合和人一起热酒赏花，可是现今只能形单影只地把思绪放飞，随游子飞到千里之外。

我不禁想起了那首《古诗十九首·行行重行行》中的“行行重行行，与君生别离。相去万余里，各在天一涯。道路阻且长，会面安可知？胡马依北风，越鸟巢南枝”。天涯海角的距离却挡不住情深意切的思念。胡马和越鸟尚且知道归巢，离人何时能够回家？小山这首词里的思念和《古诗十九首·行行重行行》里异曲同工。

《古诗十九首·行行重行行》中的思念并没有一个童话般完美的结局。“相去日已远，衣带日已缓。浮云蔽白日，游子不顾返。思君令人老，岁月忽已晚。弃捐勿复道，努力加餐饭。”长久的思念换来的却是游子的疏远和日益薄情。女子是“为伊消得人憔悴，衣带渐宽终不悔”。可是思念的人却是音信渐疏，足迹渐远。而如花的韶华就在这无望的等待中虚掷了。长久的等待、失望和落寞最后炼成了无奈的豁达，将“弃捐勿复道，努力加餐饭”化作对离人的祝福。

在这首词里，我们的主人公也面临着这样的苦楚和尴尬。翘首张望，放飞云中谁寄锦书来的惦念，收获的却是过尽千帆皆不是的失落和怅惘。眼泪扑簌掉下，哀悼着逝去的甜蜜和承诺，迷惘着前路的无着。人生若只如初见该有多好，感情在不知不觉中腐烂变质，这到底是为什么？

可是，还是想给思念的人儿写封信笺，许是为了圆满自己的思念，许是为了再为自己的爱情争取一番。于是，铺开薛涛笺，提起羊毛笔，写下思念的蝇头小楷，如同走过当年共同携手的情深时光。幸福的泪水充满眼眶，终究是不后悔自己的人生里有一段时光和他相伴。可是，一想到这封信笺可能是绝笔信，也可能如石牛入海，杳无音信，幸福旋即变成不舍、忧伤，缓缓坠下，形成一串串的晶莹玛瑙。心在回忆里穿梭，笔在纸张上走着，而泪水在脸上流淌，落到纸上，起初是清脆的叮咚环佩，聚得多了就只有迟钝的回声和晕开的墨迹。情到深处，泪到滂沱，而笔下的殷殷情意也就成了透明的无色字，这是爱到深处则成空吗？

孟郊在《归信吟》有“泪墨洒为书”一句，与之有相似的意境，是以泪作墨。而陈匪石《宋词举》对这一句有段极为透辟的分析："'渐'字极宛转，却激切。'写到别来、此情深处'，墨中纸上，情与泪粘合为一，不辨何者为泪，何者为情。故不谓笺色之红因泪而淡，却谓红笺之色因情深而无。"

而小山的另一首《两同心》也有相似的意境：

楚乡春晚。似入仙源。拾翠处、闲随流水，踏青路、暗惹香尘。心心在，柳外青帘，花下朱门。

对景且醉芳尊，莫话消魂。好意思、曾同明月，恶滋味、最是黄昏。相思处，一纸红笺，无限啼痕。

小山汲取了前朝白描的技巧，着重用一两笔把景物的轮廓和神态勾勒出来。所以他笔下的景色工丽而雅致，宛如一幅优美的风景静画。真正好的艺术品因为艺术家投入的心血，仿佛具有生命而形神兼备，你能通过外形感受到内部潜流的情感张力。小山笔下的景色也是这样，如一位妙龄少女，身姿窈窕，姿态翩飞，让人感受到青春活力。但是你总是能从某个地方嗅出一点感伤、忧郁的影子，许是她略微蹙起的远山眉，许是她一直望向远方的、带有一丝迷茫和空虚的眸子，许是她身体半躺、百无聊赖的放松姿态。感伤，就这么轻飘飘地流动着。

这儿的景色描写也是这样。在一个春天的晚上进入梦乡，那里是一个类似桃花源的神仙世界。你看那杨柳拾翠处到处是蜿蜒流水，绿映其中；青草漫步处，有暗香浮动。这些美景如桃花源里的村落，宁静安详，可还是隐隐地让自己感到不安。因为自己的心思全被女子的那处旧址所带走了，被带到杨柳天外，花丛深处。

佳人旧址仍在，可是芳踪难寻。每每晚上来临，自己就有一些复杂的情绪，一方面喜悦于两个人曾有明月夜的温软相思；另一方面想到日暮时分，独自迎接黑夜的到来，不禁悲凉感涌上心头，还是不要想着寻觅佳人的事情，在金樽中暂时麻醉自己吧。醉里还不忘提笔寄托相思，把别离后对恩爱时刻的无尽相思、自己捡尽寒枝不肯安歇的执拗和默默等待的坚守一并写入词中。情到深处，一张信笺，满面泪痕。

怎么会如此巧合？晏殊在他的《清平乐》里也描写了和他的儿子差不多的意境。

红笺小字，说尽平生意。鸿雁在云鱼在水，惆怅此情难寄。斜阳独倚西楼，遥山恰对帘钩。人面不知何处，绿波依旧东流。

在红笺上用工笔写成行行小字，把心中的无限情意说尽，其实只想说给她听。无奈两个人无论在空间上和地位上之间的距离都仿佛鸿雁和鱼，只好怀着满腔惆怅将这封红笺保存在自己的手中。这时的晏殊再也不是权高位重、机智老成的宋朝宰相，而是同他的儿子和千万个坠入爱河的少男一样，此刻只为相思而辗转的普通人。看来，在他的富贵悠闲的外表下，还是有个角落藏着青春的思恋。

当然，晏殊的相思和儿子的炽热有所不同。寄不出信笺，他的心情开始惆怅，赶紧远离了书桌这个封闭的空间。慢慢地，他踱步到西楼楼顶，正是夕阳西下的时候，凭栏远眺能看到远方点点青山，也能看到绿波东流。广阔的景色让他惆怅的心情稍微得到缓解，可是看到远方的水天一色，不禁又开始想象自己惦念的她又身在何方呢？没有哭泣，没有酒盏，没有迷离玄幻的梦境，只有淡淡的忧伤和思索，这才是成年人爱情的姿态吧。

试写离声入旧弦

手捻香笺忆小莲。欲将遗恨倩谁传。归来独卧逍遥夜，梦里相逢酩酊天。

花易落，月难圆。只应花月似欢缘。秦筝算有心情在，试写离声入旧弦。

——《鹧鸪天·手捻香笺忆小莲》

爱情不光是一种打发寂寞的相守和陪伴，更是一种互相支持和偎依的成长。所以，有时我们感谢爱情，是感谢它的慷慨馈赠，馈赠自己珍贵的成长礼物；有时我们怀念爱情，是怀念那一段让我们进步的美好时光。

从《木兰花·小莲未解论心素》到《鹧鸪天·梅蕊新妆桂

叶眉》，小山忠实地记录了从懵懂无知到心思细密的小莲的成长，小莲在爱情的滋润下从葱笼翠绿的莲叶蓬勃成了娇艳欲滴的莲花。“接天莲叶无穷碧，映日荷花别样红”，是爱情成就了这个女子的璀璨青春。

而至于这场爱情的另一方——小山在爱情中成长的点点滴滴，我们并不得而知。但能够想象到的是，小山肯定学会了欣赏，欣赏一个章台柳旁的低贱女子身上的无边美好和缓慢成长的痕迹；学会了责任，知晓成熟的爱情不再是激情和冲动的相遇，而是彼此惦念和尊重的相守相依，也学会了相思，从此再写相思不再是“少年不识愁滋味，爱上层楼，爱上层楼，为赋新词强说愁”，而是拂拭心上流着汩汩血液的触目惊心的伤口。

自从别后，已经养成一个习惯，那就是把每天或欢乐、或郁闷的细碎情绪写到小纸团上，然后像李贺呕心沥血收集诗歌素材那样投入自己的香囊。这样，就可以一笔一笔地记录分别后的时光。待到想念离人时，就拈出一个小纸团，添上几滴苦涩泪水、几分相思和挂念，写出一封传情信笺。然后把这份信笺寄给鸿雁和青鸟，请求它们把思念带到那位佳人的身边。写信，和思念一样都成为了他们一种新的习惯。

今天晚上也是这样，习惯地靠着写信寄托自己的相思。只是写完才悲哀地发现自己早就不知道小莲的芳踪，也不知道她的近况，这一份离愁别恨又能够寄给谁呢？只好留在这儿，当作那一份感情的祭奠和遗骸。

罢了，罢了，还是一个人过好自己的日子吧。独自躺在竹席玉枕上，一寸一寸地感受秋意的上涨。本以为情绪可以安安稳稳，不再变换，可是一进入梦乡，就遇到那个朝思暮想的人儿，两人之间隔着那么多陌生时光，只有相顾无言，泪流千行。即使在梦里相遇，两个人也知道欢愉的短暂吧？

花无百日长红，世间从来都缺少圆满的事情。恋爱时的欢愉也是这样，哪里能像童话故事里那样都是永恒的爱恋和甜蜜？我们都没有错，只是时光无常，人事常非。情到深处而人事初识，放弃了与时间抗争，学会了妥协，整个人就散发出一种淡定、超然的气质，只是这种气质的深处永远裹着一层淡淡的忧伤和伤感。再弹起古筝，什么曲子都不再有那种淡然优雅的高洁，也不再有高山流水般的惬意。琴弦铮铮，每一首旧的曲子都留下了苦涩的离情痕迹。

小山在另一首《破阵子》里也描写了欲向小莲寄尺素的故事：

柳下笙歌庭院，花间姊妹秋千。记得春楼当日事，写向红窗夜月前。凭谁寄小莲。

绛蜡等闲陪泪，吴蚕到了缠绵。绿鬓能供多少恨，未肯无情比断弦。今年老去年。

每次看到庭院里的绿柳，就想起那年春天小莲摇动纤细腰肢、对歌轻舞的姿态；每次看到花团锦簇深处的姊妹秋千，就想起那时自己站在秋千后面把秋千上的轻盈女子一直送上云梢，收获一串串刺激的惊叫、银铃般的笑声和两个人之间的无边欢乐。“小莲风韵出瑶池”，“香莲烛下匀丹雪”，“手捻香笺忆小莲”，“凭谁寄小莲”，“浑似阿莲双枕畔”，等等，既是写那水中盈盈的莲花，更是写那心心相印的人儿。

如果他是个逢场作戏、追求露水姻缘的男子，断然不会为这些记忆所牵绊伤神，只会精神抖擞地立马奔向下一个征服对象。可是，偏偏他学不来那种潇洒和淡定。窗前月下，他又一次提起毛笔，以回忆做料，以泪水做边，作一封无尽相思衣给小莲。可是，想到没有谁能够把这烫人的惦念寄给思人，心里又是一阵难过和失望。果真，思念只是一个人的事情吗？

“春蚕到死丝方尽，蜡炬成灰泪始干”，李商隐绝对是个内敛稳重的男子，不然也不会在他的《无题》诗中放入那么多的典故和暗喻，让人们捉摸不透他的真实情怀和思恋对象。但他绝对也是个多情之人，不然也写不出这样的句子，对你的思念就如勤勉的春蚕，到死才终止，就如流泪的蜡烛，连绵不止。

小山也是这样，每次的缠绵相思，都有一截截的蜡烛陪伴，直到天明；每次的独坐伤怀，都有一只只的春蚕见证，吐丝吐到繁复。生活还要继续，还要一直被这种没有终点的思念煎熬，只教青丝不再，白发满头。自己再弹琴瑟，声声苦涩足以让人断肠，只是这满头白发的伤痛也堪比断弦。

小山思念小莲的词很多，还有一首《愁倚阑令》：

凭江阁，看烟鸿，恨春浓。还有当年闻笛泪，洒东风。时候草绿花红，斜阳外、远水溶溶。浑似阿莲双枕畔，画屏中。

杨柳垂荡，东风轻摇，笛声飘远，江水东流。这种浓郁的春景不再给自己赏心悦目的怡然，而是像一个咒语，看到就会想起那些和小莲在一起时的快乐光景，看则断肠。真是如柳永所说，“此去经年，应是良辰好景虚设。便纵有千种风情，更与何人说?”

第四卷

睡里销魂无处说，觉来惆怅销魂误

小山日日登高的等待，最终换来的却是离歌的断肠。现实满足不了澎湃的相思，他便学会了做梦。他也只能在梦里找到那条再熟悉不过的小路，去亲近那并未走远的容颜。几回梦里与君同，睡里消魂无说处。

断尽柔肠思归切

满街斜月。垂鞭自唱阳关彻。断尽柔肠思归切。都为人人，不许多时别。

南桥昨夜风吹雪。短长亭下征尘歇。归时定有梅堪折。欲把离愁，细捻花枝说。

——《醉落魄·满街斜月》

小山的词里多写离别和相思。可能他的前半生“金鞍美少年，去跃青骢马。牵系玉楼人，绣被春寒夜”，“舞低杨柳楼心月，歌尽桃花扇底风”，因而经历了太多的风月欢愉和甜蜜。而后期家道中落、颠沛流离，见识了“人情却似飞絮，悠扬便逐春风去”，经历了太多的人情冷暖和苦痛，也经历了太多的劳燕分飞和浓情转冷。所以，每一段的甜蜜都成为日后他心头的一根刺，不时地刺痛自己的神经。而他也只能靠相思才能慰藉自己的心灵。

“古道西风瘦马，夕阳西下，断肠人在天涯”，一匹老马伴着自己踏过一条条的小道、一块块的青石台阶，在夕阳下看着自己的影子不断被拉长，直到和地平线融为一体。一人一马缓缓前行，仿佛这世间只有这孤独的行走。每走一步，脚印和步履像踩在自己沉坠的心上。原是知道行走没有归期，远得让人绝望；却未想到行走，也能断肠。

这首《醉落魄·满街斜月》里也描写了这么一幅行走的画面。一个人的时光总是寂寥，容易注意到欢愉时候不太容易看到的场景。一轮残月斜斜地挂着，把整个街道都洒满了清冷的月光，让人的心迅速冷静下来，平时压在心底的斑驳情绪也如气泡缓缓地泛上来。不断地想起离别时的场景，兰舟催发，执手相看泪眼，杨柳翩飞，唱尽阳关。这一幕一遍遍地回放在自己的脑海里。夜晚太静，情绪太盛，直到翻滚成汹涌波涛，顶得人喉咙发痛，不得不想办法释放出来。不自觉地唱起《阳关三叠》的曲调，才发现离别的烙印如此之深。

“黯然销魂者，唯别而已”，江淹早就在他的《别赋》里这样写过，因为离别不仅面临着挠人的思念，还面临着对位置和距离这些考验的恐惧和不确定，哪里能比得上温软相依、你侬我侬？

昨夜西风刮得紧，夹带着大片的雪花把大地染成一片苍凉的白色。沉睡在家里热炕上的人定是无暇顾及，但像自己这样注定在羁旅中的人却是在第一时间发觉。大雪掩盖了地面的景物，只露出高高矮矮的驿站，更显得前路漫长无边。再没有随风摇摆的酒肆小旗，也没有迎来送往的画舫歌船，只能在一间间的长亭或短亭里住脚停歇，不得不再一遍遍地温习那残酷而清晰的离别场景。

又想起清朝的贵胄词人纳兰性德在远行潼关、遥望故土时所做的《长相思》，也是这一幅寂寥图景中的延绵相思，意境也是惊人地相似："山一程，水一程，身向榆关那畔行，夜深千帐灯。风一更，雪地更，聒碎乡心梦不成，故园无此声。"迢迢征程，只有孤灯驿站陪伴；夜晚更深露重，才突然想起在早已习惯的故土不必听到这一声声的折磨。

这一个寒冬的记忆如此锋利，深深地刻在自己的心头。明明是扬马归去，却不自觉地感受到凄惨、落魄和苦涩。待自己归来，这儿一定是冰解雪融，一定是草长莺飞。纵使春寒料峭，也会有傲骨红梅率先绽放。大地一下子就变得温暖和煦，那些寒冷的刺骨仿佛都是假象。"回首向来萧瑟处，归去，也无风雨也无晴”，而自己也仿佛从未经历过那蚀骨的离愁。但“鸟儿无痕，但已飞过”，一切都已在自己的内心生根发芽。到时候定要摘下一朵梅花，捻着它娇艳的花蕊细细诉说自己的征程。

向一座亭描摹自己的辗转离思，向一朵花诉说自己的翻涌离愁。“一草一叶总关情”，原来独行路上处处都是离殇。

枝枝叶叶话离情

留人不住，醉解兰舟去。一棹碧涛春水路，过尽晓莺啼处。

渡头杨柳青青，枝枝叶叶离情。此后锦书休寄，画楼云雨无凭。

——《清平乐·留人不住》

有多少缤纷彩句是与青楼女子、风流才子有关的？不消说秦淮河畔的潋滟柔波记下了多少画舫轻摇、歌声轻扬，谢娘桥的清冷月光记下了多少携手漫步、浪漫夜话，二十四桥边的鲜艳红药记下了多少俏颜娇羞、轻声软语，单是看看那些与青楼有关的离别诗句就让人动容。

杜牧在扬州十年一觉醉青楼，过着“落魄江湖载酒行，楚腰纤细掌中轻”的生活，整个扬州因他的多情风流，也变得深情起来。他曾写过一首《赠别》，献给那位曾经为自己红袖添香的女子。“多情却似总无情，唯觉樽前笑不成。蜡烛有心还惜别，替人垂泪到天明”，情到深处再也没有声嘶力竭的悲痛和哭天抢地的送别，烛泪滴滴到天明。

柳永“忍把浮名，换做低吟浅唱”，看惯了风月无边，却仍抱有虔诚情意。“寒蝉凄切，对长亭晚，骤雨初歇。都门帐饮无绪，留恋处、兰舟催发。执手相看泪眼，竟无语凝噎。念去去、千里烟波，暮霭沉沉楚天阔。多情自古伤离别，更那堪冷落清秋节！今宵酒醒何处？杨柳岸、晓风残月。此去经年，应是良辰好景虚设。便纵有千种风情，更与何人说？”一首《雨霖铃》把男人的痴情、脆弱、孤寂、失落描写得淋漓尽致，涉身风月又如何？他仍保持着最纯真、最美好的灵魂。

而到了小山这里，《清平乐·留人不住》这首词的情感张力同样不输前面两人。词的开篇写的是一男一女的离别场景。送别宴上，女子滴水不进，无心下咽，男子却喝得心意尽欢、酩酊大醉。一个哭哭啼啼、诚意挽留，一个却催发兰舟、去意已定。虽然内心深处不愿承认，女子还是看出了男子眼底潜藏的雀跃和欢喜。纤细腰肢、娇俏红颜、绵软话语，这些再也不能留住他。当一个男子决意离开，就会把其他掷到一旁，狠心地只留下一个背影。他心底甚至唱起了小曲，因为前路没了羁绊，没了旧人，处处是碧涛春水、鸟语花香。而这边留给自己的拿在手中的半截青青杨柳枝，一枝一叶青翠欲滴，仿佛都在叙说自己的不舍和惦念。想到这儿，多年的隐忍和绵软终于爆发，发出决绝之语："此后锦书休寄，画楼云雨无凭。"我们终究是出身卑微的青楼女子，你今后不必来信了，咱们就一刀两断吧。

其实，女子说出这样掷地有声的决绝，不过是为了保存自己仅存的颜面。其实她内心还是希望这个男子能不忘旧情，希望青鸟能为自己带来爱的信笺。可惜世间许多男子，有多少能够听懂女子的负气之语？怪不得周济《宋四家词选》评曰："结语殊怨，然不忍割。"此乃深透之语。

青楼女子和风流才子相遇，一个香艳多姿，一个风姿绰约；一个多才多艺，一个文采斐然，很容易惺惺相惜，擦出一段耀眼的火花。只可惜，青楼女子终究只是消遣，登不了大雅之堂，男子来来去去，有的毫无眷恋，有的驻扎一时，有的乐不思归。但这样的爱恋也多成了露水情缘，圆滑、清澈但见不得天日，一晒就灰飞烟灭。所以，和男子们离别时，歌女们大都怀着宿命般的悲剧感，心里只能感慨自己身份的沉沦，没资格追求幸福。一般男子则抱着如释重负的解脱感和准备好下一次征服的跃跃欲试挥手离别，而杜牧、柳永和晏小山却用自己的生命践行了一首平等、尊重、思念的爱的赞歌。

梦魂纵有也成虚

旧香残粉似当初，人情恨不如。一春犹有数行书，秋来书更疏。

衾凤冷，枕鸳孤，愁肠待酒舒。梦魂纵有也成虚，那堪和梦无。

——《阮郎归·旧香残粉似当初》

在爱情的国度里，时间总是残酷的，前一秒还浓情蜜意，后一秒两人便可能形同陌路；前一秒还海誓山盟，后一秒可能就相看两厌。所以，那些所谓“成熟”的成人也学会了爱情的法则：永远不要奢求永恒，把爱情当作一杯烈酒，只沉溺在当下的甜蜜中，酒醒之后就各奔各路，寻求下一场狂欢。

可是，总有一些“很傻”的人学不会这套法则，总是会为了已经过期的爱继续付出，也因为得不到原来的回应而惆怅伤神，晏几道的这首《阮郎归·旧香残粉似当初》就是描写了一个在爱情已经烟消云散后仍然苦苦守候的女子。

和他在一起的时光总是美好的，也因为他的赏识而更加喜欢自己。总是不自觉地换上和他在一起时的衣装，抹上那时的香粉，仿佛这样做了，爱情就没有走远，他也没有离去。自己犹如刻舟求剑中的那个郑国人，希望以后按照当时的痕迹就可以找回爱情，殊不知他的柔情早已如流水，不知流向何方了。

女子可能还咂摸着两人之间的你侬我侬，为两人的惺惺相惜而感动，为两者的相别两地而悲伤，说不定还想着为着两个人的未来筹划着要放弃什么或者改变什么。但是沉浸其中的女子却没有意识到两个人之间微妙的变化。以前恨不得化作殷勤的青鸟，每天都能把彼此的信息带给对方，又恨不得像陶渊明那样“愿在衣而为领，承华首之余芳”、“愿在裳而为带，束窈窕之纤身”，化作情人身上的衣襟，时时刻刻伴其左右。而从恋爱的甜蜜中跳出来，仔细回想就会发现开春寄来的信，不过是寥寥数行，说的全是客套的寒暄。而进入秋天，音信更疏，仿佛两者间的情谊从未存在过。

这个事实仿佛一记重拳，重重地打碎了她爱情的美梦。梦醒时分，欢爱和甜蜜不再，只有自己静静地抱着冰冷的被褥和枕席，静静地品尝着苦涩。怀疑、否定、伤痛次第袭来，连胃肠也揪成一团。实在忍受不了时，她就翻身起床为自己倒上一杯烈酒，酒精的灼烧似乎给了夜色温度，也让愁肠暂时得以麻痹，进而渐渐舒展。

虽然内心知道这段感情已然成为历史，但还是会不自觉地想见到他，哪怕是在虚幻的梦里也愿意，因为这样就能再亲自感受一下令人迷醉的爱恋，找回当时那个在爱情中无忧无虑的自己。可是，漫漫长夜，一杯烈酒陪着点点清泪、片片碎肠，哪里又能入睡？于是，连这一梦也变成了奢求。

晏几道重情重义，心思细腻，对莲、鸿、苹、云的感情刻骨铭心，而这些又全部化作丝丝缕缕融入他婉转的《小山词》里。一部《小山词》成为了晏几道的爱情记忆。纵使爱情成空，也渴望再次回忆过往的温柔，这应该也是痴情细腻的晏几道的真实写照吧。

犹恐相逢是梦中

彩袖殷勤捧玉钟，当年拼却醉颜红。舞低杨柳楼心月，歌尽桃花扇底风。

从别后，忆相逢，几回魂梦与君同。今宵剩把银釭照，犹恐相逢是梦中。

——《鹧鸪天·彩袖殷勤捧玉钟》

小山是幸运的，因为他出生在钟鸣鼎食之家，一出生就过着很多人梦寐以求的富贵生活。小山的父亲为晏殊，父亲仕途坦荡，一路官拜宰相，又平易近人，与范仲淹、王安石等人和谐共事。这样的家庭环境带给小山的是富贵优渥的生活，也注定了他不经艰险世事，性格单纯天真。

他在年少时看尽了荣华富贵、声色犬马，所以和很多羁旅愁思、一生动荡的人相比，他看到的世界更加绮丽、多姿。

所以，他才会有这样的记忆，华灯初上时，达官贵人们相聚一堂，推杯换盏、觥筹交错的气氛仿佛让那个夜晚变得温暖起来。他们或随意地交换着官场中的小道消息，或谈论着最近的奇异际遇，但更多的时候是饶有兴趣地欣赏着大厅中那个身材妖娆、舞步轻盈的女子。她绕过别人，如鸟儿一般飞到自己身边，为自己斟上一杯酒。而自己因为想博佳人一笑也强忍着辛辣，喝光一杯杯的酒，慢慢地自己就醉了。周围的一切都开始模糊，只能看到大厅中央的她像一只不知疲倦的鸟儿不断地旋转着，还听到那婉转的歌音绕梁不绝。那晚的时间感觉过得特别快，只觉得女子跳着跳着，本来还在杨柳梢头的月轮就降下去了；唱着唱着，女孩子手中桃花扇底的微风也渐渐弱下去了。

晁补之说从“杨柳楼心月”和“桃花扇底风”这两句“自可知此人必不生于三家村中也”，这两句所透露的富贵之像显现出作者绝非出生于贫寒之家。作为富贵公子，谁人没有这样灯红酒绿的经历？然而过去了就过去了，不过是逢场作戏、你情我愿而已，可是有多少人能像小山把这样的场景一记就是多年，而且为了它寝食难安、夜不能寐呢？

相聚的时光总是短暂的，而一场别离就注定了之后的相思。别离后，那晚的场景变成了他心上的朱砂痣，每到夜深人静时便会使人心隐隐作痛，总想起那晚的旖旎风光，想象着两人间的你侬我侬，总是会在梦里与她相会，两个人有说不完的俏皮话儿。可是，醒来之后却发现这个夜晚，又是只有自己一人。

老天还是仁慈的，在那个通信、交通不畅的时代，小山的思恋仿佛像翩飞的青鸟，终于把相思的讯息带给了思念的人，而又让两人再次相逢。时间过了那么久，他仿佛早已习惯这种情感的煎熬和桎梏。而当幸福终于来临，他又仿佛如囚禁太久的人见到强烈的阳光一样，眼睛无法适应，他幸福得快要颤栗，而又不敢相信这突如其来的喜悦，哆哆嗦嗦地拿起烛台仔细端详着这张在梦中反复出现的脸，谁知道这是不是又是一场梦境呢？

在读者看来，每每到“今宵剩把银釭照，犹恐相逢是梦中”这句时，总是会感慨像这样富贵鼎盛的贵公子竟然也对爱情如此虔诚。而古往今来，不逢场作戏，对爱如这般虔诚的富贵之人能有几许？

梦魂长在分襟处

小令尊前见玉箫，银灯一曲太妖娆。歌中醉倒谁能恨？唱罢归来酒未消。

春悄悄，夜迢迢。碧云天共楚宫遥。梦魂惯得无拘检，又踏杨花过谢桥。

——《鹧鸪天·小令尊前见玉箫》

“只是因为在人群中看了你一眼，再也没能忘掉你容颜。梦想着偶然能有一天再相见，从此我开始孤单思念。”《传奇》这首歌能走红全国无非是因为这首歌在清丽的旋律里诉说了一个为大众所共识的情愫：人群中对某个人的惊鸿一瞥，可能就造就了无尽的思恋。

小山是在酒宴上第一次见到她的。她温润如玉，恰是小山梦寐以求的佳人，而她亦对他钟情。她在绚烂的灯光下翩舞浅唱，美得太不真实。唐范摅《云溪友议》里写道，“韦皋与姜辅家侍婢玉箫有情，韦归，一别七年，玉箫遂绝食死，后再世，为韦侍妾。”而看到她的那一刻，他仿佛觉得找到了属于自己的玉箫。远远地望着光芒中的她，随着她的一颦一笑，不自觉地把一杯杯的酒喝下了肚。原来酒不醉人人自醉是有道理的，看到她的那一刻自己的心就已经醉了。筵席散罢，曲终人去，他也跌跌撞撞地回到家，但眼里、脑中却都是那动人的旋律和绚烂的笑脸。

短暂欢愉，不过衬托了分离后的时光更加孤寂。从此，春夜也因为思念变得寂寞难耐，时光也因为度日如年变得分外漫长。可惜，对方是自己好友家里的歌女侍妾，也是自己道德意义上的兄嫂，两个人的间隔简直如遥遥的云海，相见都成难题，何况相知、相伴？既然在现实生活中有重重险阻，那就将自己的灵魂自由放飞，让它去追求自己向往的爱吧。张泌在他的诗歌写道，“别梦依依到谢家，小廓回合曲阑斜。多情只有春庭月，犹为离人照落花。”他的心迹只有向皎洁的明月吐露，然后在梦里踏着那条早已烂熟于心的小道去与自己心上的人重逢。他只有在梦境里踏着皎洁的月光穿过谢娘桥看到自己日夜思念的身影。

被阻碍、不被世人祝福的爱情，总是存在于暗夜之中，给人带来无尽的痛苦和挣扎。和他同病相怜的还有宋代的陆游，一曲《钗头凤》把他和唐婉被母亲棒打鸳鸯、相思两地的苦闷一泻而出，“一杯愁绪，几年离索，错、错、错。春如旧，人空瘦，泪痕红浥鲛绡透”。不知陆游有没有也在梦中踏着月光走上通往唐婉住处的小路呢？《孔雀东南飞》里刘兰芝香消玉殒之后，焦仲卿是不是也因为无法容忍这种无边的痛苦和折磨才选择自挂东南枝呢？果然，思念也是伤人的。

小山的词多是今昔对比结构，先写记忆的繁盛和惊艳，再写现实的苦闷和干瘪，然后把这种今昔对比的落差诉诸美酒、琴瑟、书信的怀抱里。这是典型的小山风格。晏殊、欧阳修写不出这样的词境，他们的有些诗词后人甚至无法分辨，因为他们的人生经历太过顺畅，写的词大致是宴游、送别、闲散时光，极少涉及心灵遭受这么多抑扬顿挫的层次。此外，小山的另一首《蝶恋花》也是今昔对比，把他的风格发挥到了极致。

碧玉高楼临水住。红杏开时，花底曾相遇。一曲阳春春已暮。晓莺声断朝云去。

远水来从楼下路。过尽流波，未得鱼中素。月细风尖垂柳渡。梦魂长在分襟处。

还记得两个人第一次相遇的地方，不是喧嚣街头的街道，也不是暧昧青楼的黄灯处。两人相遇的地方本身就是一幅无法忘记的美景。水波萦绕，临水有精致的小楼，但却直拔云霄，正好用来俯瞰左右流觞和艳丽红杏，而他就是和她在花间相遇的。彼时花团锦簇，他正在花间闭目养神，忽然听到银铃笑声，一转身发现女孩如花笑靥，顿时感觉身边的红杏又娇艳深红了几分。携佳人，赏阳春，这该是多么幸运的事情。

可是，欢聚太瘦，时光太宽，终有分别的时候。见面的时候正是阳春三月，草长莺飞，离别的时候也用一曲阳春曲相送吧！祝福行人前路似锦，春光遍地。黄莺翩飞，娇啼戛然而止；叠云易散，飘往南北东西。两个人就这样相隔万里、分融两地了。

如果两个人情感很深，愿意一起去守候、抵抗时间和距离对爱情的侵蚀，或许爱情还可以继续，而最可怕的就是在新的生活中要奔波的太多，偏偏把他忘掉，将其一人困在记忆的围城里无法自拔。离人走后，第一次相聚的高楼就成了勾起留下之人相思的符号，也成了唯一一个可以等待的地方，因为只有这个地方残留的回忆才能提醒他原来那一段情缘并非美梦，而是确有其事。他自觉地选择守在高楼，等一份爱的信息。可是，流波荡尽，只有无声冷月和潋滟柳枝，全无离人的半点尺素。慢慢地，等待成了一种习惯，而那流波分襟、高楼耸立处也成了自己梦中常常光顾的地方。

《聊斋志异》有陆判进入朱尔旦梦境的情节，《牡丹亭》也有杜丽娘生而入梦，死而复生的描写，可见梦境本是就有神秘的特质。

清代浙西词派著名词人厉鹗曾在《论词绝句》中评论《小山词》曰:“鬼语分明爱赏多，小山小令擅清歌。世间多少分襟处，月细风尖唤奈何。”说的就是小山的梦境也有了“鬼语”的特质，在他的笔下，梦境和现实都是相通的，自己的相思可以肆无忌惮地在无边梦境里生长、发散。

断肠移破秦筝柱

梦入江南烟水路，行尽江南，不与离人遇。睡里消魂无说处，觉来惆怅消魂误。

欲尽此情书尺素，浮雁沉鱼，终了无凭据。却倚缓弦歌别绪，断肠移破秦筝柱。

——《蝶恋花·梦入江南烟水路》

看起来精致伤感的词何尝不是摘取心头上最殷红的痛，然后收藏起来慢慢发酵，酿成一杯最浓郁的苦酒，让自己仰脖喝下。

自从家境沉落，小山就挥别了那些歌舞升平、夜夜笙歌的场合，告别了那些腰肢纤细、莲步轻移的女子，告别了那种清高独立的性格，开始习惯于去争取以前自己压根不放在心上的“五花马”、“千金裘”，开始去和自己以前根本看不上的同僚们杯盏相和。更多的时候，小山开始在寂深的夜里回忆过去和现在的落差，而这落差磨成一把锐利的刀，斩掉自己的骄傲、自尊和对未来的期望。

回忆痛得让人不能忍受，潜意识里就想着找一个温暖安定的巢穴躲避一下。于是，小山的诗词里充斥着一个又一个的梦境。无论现实生活中的自己变得多么唯唯诺诺，在梦里还是那么自由自在，踏着覆满杨花的小径找到那个最熟悉的地方。“卧听疏雨梧桐。雨余淡月朦胧。一夜梦魂何处，那回杨叶楼中”，梦里最常出现的场景也是现实生活中去不了的场景。“从别后，忆相逢，几回魂梦与君同”，梦到自己又和魂牵梦萦的那个人一起厮守，可是，“醉别西楼醒不记，春梦秋云，聚散真容易”，梦境纵然甜蜜，醒来之后更显惆怅。

这首词也是这样。一进入梦境，他的潜意识就跑回了江南，那里成滩的水泊里氤氲着厚厚的水汽，弥漫着轻柔和梦幻的彩色。梦里的他是匆忙慌乱的，总是在奔跑。他跑过盛开着田田叶子的荷塘，跑过大片大片的淡色湖泊，跑过曾经灯红酒绿的亭台楼榭，跑过曾经一起窃窃私语的林荫小道。只有潜意识知道，这些地方都是充斥着自己和她的那些美好回忆的地方，而自己这样奔跑其实也只是为了找到她而已。可是，离别的人终是了无踪迹，整个江南也不再有她的踪迹。即使是在梦里也知道这一切皆是虚幻，心里惆怅不已，直到这惆怅把自己从梦境里揪醒。可是，醒来又意识到这不过是黄粱一梦，心里更加惆怅。

想把自己的心绪放在书信里，寄给远方的她。可是也不知道该寄往何处，而且就算能寄也不知道会不会有回复。无可奈何，唯有缓缓弹筝抒发离情别绪，移破了筝柱也难把怨情抒尽。

陈廷焯《白雨斋词话》云："李后主、晏叔原皆非词中正声，而其词则无人不爱，以其情胜也。情不深而为词，虽雅不韵，何足感人？"王国维在《人间词话》中说："词人者，不失其赤子之心也，故生于深宫之中，长于妇人之手，是后主为人君之短处，亦即为词人所长处。"陈廷焯承袭前人观点，认为晏小山和李煜以生命中最深切的感情入诗，虽不是诗词正宗却有动人心魄的力量。而王国维也认为赵匡胤占据了疆域意义上的帝国，和小山同属一类人的李煜却占有了诗歌意义上的帝国。小山一生苦涩，并未在经国伟业上留下太多成就和功名，唯有一部呕心沥血写出的《小山词》存世。然而，能得到后世知己的如此评价，他也该由衷欣慰了吧。

离歌自古最销魂

莫唱阳关曲，泪湿当年金缕。离歌自古最消魂，闻歌更在魂消处。

南楼杨柳多情绪，不系行人住。人情却似飞絮，悠扬便逐春风去。

——《梁州令·莫唱阳关曲》

最怕听到离别的曲子，离歌本就黯然销魂，让人衣衫尽湿，何况自己现在身处这么个孤苦无依的境地。阳关曲、折柳词成了让离人和思妇闻之断肠的音符。对于现在的自己，它们也是万万要不得的揪心毒药。

阳关位于今甘肃省敦煌市的西南，因地处玉门关南而得名，与玉门关一样同是进入西域的重要关隘。自汉朝建立西域都护以来，中央和西域的联系加强，越来越多的人经由这条丝绸之路穿行在中原和西域之间。在交通不便、地域间缺乏沟通的古人看来，西域远在天边，是一片寸土不生、飞沙走石的蛮荒之地。而蛮夷阴险、战事仍频，一去西域就不知能否安然归来。所以，送别的诗歌中一旦联系到这两个地方，送别的不舍便多了些许苍凉和悲壮，思念的诗歌中若带有这些地点，也平添了几分苦涩。

而阳关和玉门作为送别思念诗中不得不提的地方，在中国文学史上则大放异彩。王维在《送元二使安西》中写道："渭城朝雨浥轻尘，客舍青青柳色新。劝君更尽一杯酒，西出阳关无故人。"因西出阳关无人再识，所以还是珍惜眼前，畅饮手中朋友送上的美酒，然后带着这满满的勇气和牵挂走上那一条艰险的路程。王昌龄在《出塞》中写道："黄河远上白云间，一片孤城万仞山。羌笛何须怨杨柳，春风不度玉门关。"黄河九曲回肠，蜿蜒直上到白云深处，而离人所在的孤城就掩映于万仞高山之中，渺小而孤独，那儿是被春风遗忘的角落，所以根本不必吹起羌笛感慨春日迟迟不至。

古代征人戍边，亲朋好友多在灞桥相送，并从茂盛的柳树上折下一截柳枝，插在离人肩上。"柳"意味着"留"，多表达送行之人的依依不舍之情。所以，柳枝轻荡，荡出了多少人们的缠绵相思。所以，“杨柳岸，晓风残月”是送别时看到的断肠风景；“朝朝送别泣花钿，折尽春风杨柳烟。愿得西山无树木，免教人作泪悬悬”更是直接说出希望少一些青葱绿树，这样就可以少一点婉转相思；《赠柳》中的“章台从掩映，郢路更参差。见说风流极，来当婀娜时。桥回行欲断，堤远意相随。忍放花如雪，青楼扑酒旗”也是写出了送别时的情深。可是既然南楼的杨柳能够勾起那么多离情别绪，为什么不能把行人留住，以避免这一场离别和相思？人心如飞絮般飘摇，春风一吹就不知吹向何处，哪里又能恪守“执子之手，与子偕老”的誓言？

小山一生定是经历了太多的离别。父亲去世后家道中落、家财散尽，自己辗转奔波于颍昌府、乾宁、开封赴任小官时；自己锒铛入狱时；自己的歌楼知己或嫁人从良，或伶仃零落，或不知所踪时，他都面临着一次次的离别。而每一次的离别对于重情重义的他而言都是一场考验，都是一场绞尽心力的较量。

小山生性敏感多情，对离别的体悟和情感反应自然比别人强烈，而他的父亲晏殊的离愁则是另一番风景。

祖席离歌，长亭别宴。香尘已隔犹回面。居人匹马映林嘶，行人去掉依波转。

画阁魂消，高楼目断。斜阳只送平波远。无穷无尽是离愁，天涯地角寻思遍。

——《踏莎行·祖席离歌》

宴会意味着欢聚，但有时也意味着分离。这次的家庭宴会设在长亭边上的酒肆里，是不是也在暗示着这样方便宴会后的送别呢？别时已到，而送者和行人都是一幅不舍情景，行人本应该随波前行，可是木棹翻转，总是不舍得离开家乡的柔波；送者本应调转马头回家，而萧萧马鸣却不断在林中回旋。几个时辰前，两人还在相谈甚欢、把酒问月，可是现在奔流的波浪就要把行人带往遥远的天边。

终是放不下这个越来越远的身影，送者登楼眺望，目送芳尘慢慢远去，消失在海天相间处。目之所及，都是滚滚碧涛、迢迢行路，一直绵延天边。而自己的离愁也随着它们弥漫到了广袤天边的每个角落。相比于小晏的离愁，晏殊的离愁取景更加广阔疏朗，意境也少了一份愁苦，多了一份大气。当然，这与他出身显贵和“富贵优渥五十年”的命运是分不开的。

也还记得晏殊更为出名的《蝶恋花》，写的也是关于离愁。

槛菊愁烟兰泣露，罗幕轻寒，燕子双飞去。明月不谙离恨苦，斜光到晓穿朱户。

昨夜西风凋碧树，独上高楼，望断天涯路。欲寄彩笺兼尺素，山长水阔知何处？

为离愁折磨的人眼里看到的景色是萧索孤寂的。新秋的清晨，菊花笼罩着一层轻烟薄雾，兰花上也沾有露珠，本是极为普通的秋日景象在晏殊眼里却成了和自己一样愁苦万分的人物形象。清秋渐寒，双飞的燕子也衬托得自己更加形单影只。最可恶的是，那一轮清月，明明自己辗转反侧、难以入眠，还一路把彻骨寒冷的月光洒入自己的绿窗美梦里，酿成一夜夜的遗憾和痛楚。可是，晏殊毕竟是成熟稳重、冷静自持之人，并不允许自己沉溺在过多的伤感愁苦之中。所以西风凋零之际，他独上高楼，遥望到广阔的天地。虽然天高地远，不知佳人何在，但“天涯何处无芳草”，眼界放广阔了，心情自然就舒缓开来。

“诗到沧桑话乃工”，小山的一生比其父更加坎坷波折，所以面对离情才会有更沉郁的情感张力。

无穷无尽是离愁

淡水三年欢意，危弦几夜离情。晓霜红叶舞归程。客情今古道，秋梦短长亭。

渌酒尊前清泪，阳关叠里离声。少陵诗思旧才名。云鸿相约处，烟雾九重城。

——《临江仙·淡水三年欢意》

时光如梭，如君子般淡如水的交往已经三年多了。三年的时间是那么地漫长，又是如此地短暂，漫长到我们之间已经熟知到深处，真挚友情似滚滚流水日夜不停息，可是短短的几夜之间就像这急促的琴声一般流逝，便要分离。三年间，我们之间经历了太多的欢乐、愉快，回忆都历历在目，犹如发生在昨天一般，可是现在却要那么快地分离，是多么地心痛啊。

天下没有不散的宴席，分离总是在所难免的，小山也知道这个道理。可是长久的相处，朋友之间已经产生深厚的友谊，突然就要分开了，难免让人心痛。人生在世，不管什么时候都会经历很多的分离，两个人之间就像两条直线，没有完全重合的，最多会交叉而过，随后都有各自的路线。这也就意味着，人与人之间不管什么时候总会有分离的。世间万物都是如此，又岂止是人呢？这就是生命存在的法则，没有人可以突破这一点。这不免让人感慨生命的残酷，可是正是因为如此，人才会更加珍惜彼此之间的情谊，才会懂得把握人们之间的距离。

前世一百次的回眸，才换得今生的擦肩而过。在茫茫人海中，相遇、相识、相知，是多么幸福的一件事，多少人擦肩而过了无数次，依然不记得对方，可是有的人就能轻易地在无数人中寻得知己、朋友，这就是缘分。缘分这个东西很奇怪，很多时候，想要把握却求而不得，当你真的不在意时，它却悄然到来。就是因为它的变化无常、难以求得，所以才那么受人青睐。有的人不相信缘分，认为没有这回事，也许就是因为他没有遇到，没有经历过的东西就永远不知道它的奇妙之处，也体会不到它的神奇和魔力。

明天天色微亮之际，秋霜打得红叶漫天飞舞之时，朋友就要踏上归程。相聚匆匆，马上就要分离了。我是多么地希望这一天永远不要到来，可是即使我再强求终究改变不了时间的脚步。时间总是如此地不解人意，我只希望它的脚步能够慢点、慢点、再慢点，让大家再享受一会儿这欢聚的时刻，享受知己畅谈、酣饮的时刻。可是回想大家在一起的欢乐时刻，内心不禁惆怅万分，难过的不是我一人，大家都是如此。如此分别之情，古今同慨，千年叹颂。

任何时候，分离都是痛苦的，相聚的时光总是浮现在眼前，那么清晰、生动。每每至此，回忆的还都是所有的欢乐时光、难忘时刻，而那些不愉快的经历却像是长了翅膀，早已飞得不见踪影。人就是这么奇怪的动物，难以控制、琢磨。

在这秋意微凉之际，我将日夜思念，时时梦见曾经分别时的难忘场景。秋天总是容易让人备感感伤，总是容易牵动起内心深处最柔软的地方。在这样一个悲凉的季节，知己却要离开，这无疑为这个秋天添加了几分凄楚。天气渐凉，可是友人却要踏上征程，离他而去，飒飒的秋风似乎在呢喃地挽留，无奈地叹息，也在为这即将到来的分离唱着送别曲，让人更加地无奈和心痛。

端起面前清澈的酒水，默默地留下不舍的泪水，琴弦也像凑热闹般地奏起了“阳关三叠”，仿佛也在一同为友人们送别。情至深处，感情自然难以控制，在这凄冷的秋夜，在这分离之夜，唯有酒才能消解这无限的悲痛，千言万语化作这满杯的酒一起饮下，温暖寒冷的愁肠。可是这酒却那么迅速地化作泪水，流了出来。分离之际，不想流泪，却又难以控制，想要挽留友人，可是又能怎么样呢？是该离去的时候了，不能仅仅因为我而使你们舍弃一切，分离是早晚的事情，虽然我知道，可是却还是如此地痛苦。《阳关三叠》一遍一遍地哀伤地吟诵着，这愁绪在深秋的夜里扩散而去，那么地哀婉动人，只希望朋友们以后的生活能够畅达、顺意。

杜甫曾经借助诗词寄托思念的友人很是出名，我也愿意效仿他为友人送别。小云、小鸿、沈廉叔，我们相约再次相见的地方，就是深不可测的皇城了。分离之日就在眼前，可是相聚之时还不知道是什么时候。即使约好了在那皇城相聚，可是却又是那么地遥遥无期，日复一日，什么时候才是相见之时呢？我不禁在心里概叹起来。擦干眼泪，喝下酒水，唯有祝福我的朋友们一切顺利，唯有祝福我们早日相聚。时间不会消磨掉我们之间真挚的感情，只会与日俱增，只会更加地深刻，我相信我们的友谊是经得起时间的打磨的。

小山用他一向细腻的笔调，深情地向我们展示了朋友之间马上就要分离的场景。送别的酒宴上，我们感受到他们之间的真挚友谊，想到明日的分离，大家不禁潸然泪下，多年的相识、相知，已经在他们的心灵上打下深深的烙印，朋友之间甚至比亲人还亲，可是现在却要分开，难免会让人悲痛。通过小山的描写，我们可以深刻地感受到他们之间的深厚友谊，也可以感受到小山心中的万分不舍和无可奈何。

自古以来，文人们总是十分看重友谊，描写友谊的诗句也很多，“桃花潭水深千尺，不及汪伦赠我情”、“海内存知己，天涯若比邻”、“劝君更尽一杯酒，西出阳关无故人”“莫愁前路无知己，天下谁人不知君”，等等。在那个动荡不安、战乱纷争的年代，很多的文人们都过着颠沛流离的生活，可是他们却用自己的人格魅力吸引着志同道合的人，高山流水般的知音也许不多，可是深厚的友谊却是到处可见的。朋友之间谈诗论道、喝酒吟诗，是多么地惬意。不管如何地怀才不遇，如何地世事巨变，没有什么能比和志同道合的朋友、知己一起酣畅淋漓地喝酒、无拘无束地论诗更加幸福了。那时，虽然文人们生活在战乱时代，可是为了朋友却可以赴汤蹈火、在所不辞。有时候真的为纯粹的友谊而感慨，他们之间没有利益的纷争，没有尔虞我诈的争宠，只有内心深处的志同道合，仅仅为了交友而交友。真正的朋友就是如此单纯的关系，只为寻得心灵上的契合，只为有一个读懂自己的人，在寂寞、痛苦时可以倾诉衷肠，寻得一丝安慰和心灵的慰藉，可以卸掉一切面具和包袱，一起疯狂、发泄，也可以在最困难的时刻送上最温暖、最激励的语言，我渴望的友情便是如此，可是真的有吗？我不知道，我也在等待。每次看到出卖朋友的现象，我都十分地痛心，人与人之间相遇是缘分，能成为朋友更是几辈子修来的福分，可是却有很多人不懂得珍惜，随意地破坏友谊，让人痛恨。

每个人都生活在社会的大家庭，每天都会遇到形形色色的人，可是有多少能够与你相识，又有多少能够成为你的朋友呢？人生得一知己实在是太难了，理应珍惜来之不易的友谊。

手捻红笺寄人书

画屏天畔，梦回依约，十洲云水。手捻红笺寄人书，写无限、伤春事。

别浦高楼曾漫倚，对江南千里。楼下分流水声中，有当日、凭高泪。

——《留春令·画屏天畔》

杨慎在《词品》中说，晏几道此词全用晁元忠诗："安得龙湖潮，驾回安河水，水从楼前来，中有美人泪。人生高唐观，有情何能已！"

夜晚时分，伊人独坐，还是那样地冷清，无聊的思绪在空中飘来飘去，床前的画屏就在眼前，可是飘荡的思绪竟然将它看成像在天边那么地遥远。沉沉地睡去，可是却没有一丝的安静，梦一个接着一个地穿行于脑海，飞行在无边无际的寂寞中，可是好像见到了奇特的十洲，那里烟雾萦绕、处处是美丽的景色，让人留恋。然而梦终究是梦，那么地美丽，那么地不真实，可是醒来却依然是如此地孤独。手中还拿着红笺，多少次一遍一遍地写着，想要寄给远方之人，千言万语在心中盘旋，可是却又不知道该写些什么，心中的相思是如此地深刻，可是却无法表达出来，只想向你诉说这即将离逝的春天和满地的落红，美好的景色总是那么容易地逝去，不会为任何人停留。日复一日，这景还是来了又去，去了又来，可是年年岁岁花相似，现今却只有我一个人欣赏。

这又是一位伤春感怀人的女子形象。小山的诗词中，主角大都是女子，且多是苦苦等待归人归来的女子形象，那么哀怨、凄婉，默默地诉说着心中的无限愁苦和相思之情。在小山的作品中，女子总是最痴情的，不管她们是被抛弃，还是被迫离别，她们对爱人的真挚感情是至死不渝的，让人感动而又伤心。

也许她们真的是太傻了，除了等待难道没有别的办法了吗？最后还是迫于封建礼教的荼毒，她们不得不遵守这些所谓的礼教，在家相夫教子，即使丈夫死去，依然不能有任何的改变。三从四德是她们一生都必须遵守的道德规范，不得逾越一步，否则就会受到世人的唾弃。

小山的这首诗词，不同于其以往的诗词风格，他大胆地采用了奇特而瑰丽的想象。这是一首伤别念远之作，伊人独坐，眼前的画屏那么近却又仿佛在遥远的天边。手中拿着写好的书信在苦苦地等待，可是这书信又怎么能寄出去呢？古时的交通没有那么发达，书信自然也不会那么及时地送到，即使能够送到也要有地址才行啊？可是等待的人在哪里，他根本无从得知。

然后，小山向我们娓娓道来了信中的内容。小山在其作品中向我们展现了由远梦触动的离怀，女子在信中与远方征人娓娓诉说，可是诉说的东西并没有停留在想念之词，没有诉说自己的无限相思之苦，而是写她常去“别浦高楼”远眺江南，并告诉对方江涛声中有她登高时坠下的相思泪。情感真挚，语言平实却饱含浓浓的情意。

虽不是在说相思却更甚于相思，无数次地站在别浦高楼上，眺望着江南方向，是那么地痛苦，相思都化作伤心泪，落入涛涛江水之中，似乎也只有江水能诉说自己的心吧。我们不知道到底她这样临江而眺过多少次，相思的泪到底流了多少，可是她的痴情实在让人动容。

小山用奇特的想象来表达感情，不同于以往。看着熟悉的画屏，竟然在睡意朦胧中感觉像远在天边一般。近在眼前的画屏与遥在天边的美丽景色，相距太远，可是伊人竟然将它们看成如此相像的东西，这远近的对比，是因为相思成疾，还是因为太多幻想？奇特而美丽的十洲——“在八方大海中，有祖洲、瀛洲、玄洲、炎洲、长洲、元洲、流洲、生洲、凤麟洲、聚窟洲”，是那么地遥远，那么地美丽，那是仙人所居住的地方，平凡之人又如何能够到达呢？日夜思念的相思之人，是不是也居住在这梦幻的地方？那么美丽，那么遥不可及。可是梦醒后，伊人看到画屏上画着的山山水水，手里拿着写有无限伤春心事的准备寄给情人的书信，还在疑惑是不是还是在梦里。可是，如若不是，为什么那么地真实？小山又把红笺与十洲的梦联系起来，更表现出苦恋的情怀。

小山这里描写的不是恋人们旧时相聚的欢娱，而是分离后的思念，他另辟蹊径，传达出来的感情更加沉厚。小山用东西分流的流水来表现恋人们之间的分别，选用这样的场景，传达出了一种意思：流水分开之后就似两条永不交叉的直线，永远也不会再相遇了，人也是如此，这样的别离注定是没有结果的。伊人独倚高楼，相思念远的泪水却滴到楼下分流的水中，离愁别绪深婉曲折而又缠绵悱恻。

可怜人意薄于水

离多最是，东西流水，终解两相逢。浅情终似，行云无定，犹到梦魂中。

可怜人意，薄于云水，佳会更难重。细想从来，断肠多处，不与今番同。

——《少年游·离多最是》

为情所困的人的内心总是矛盾的，因为在他们心里一面总是在说服自己与其沉迷情爱不如超脱、自由，一面还总是在安慰自己情深似海，情缘可续。所以，他们总是在矛盾中挣扎。

痴男怨女如此，被称为“古之伤心人”的小山也是如此。

小山年少时期生活富足，也有几位歌女陪伴左右，生活优渥而甜蜜，但是世事无常，家道中落、爱人离散，曾经天真无邪的小山也尝到了惆怅痛苦的滋味。他本不是一个薄情寡义之人，要想自我解脱自然不是易事，于是在这首《少年游·离多最是》里小山也经历了一番困惑。

卓文君在被司马相如抛弃之后也对爱情产生过怀疑和质问，于是在《白头吟》中写道，“闻君有两意，故来相决绝。今日斗酒会，明旦沟水头。躞蹀御沟上，沟水东西流。凄凄复凄凄，嫁娶不须啼。”昔日一见钟情、惺惺相惜的甜蜜，为爱私奔、当垆卖酒的勇气仿佛都历历在目，但这些都没有一个男子已经变心的噩耗有震撼力。愤怒和悲恸之后，卓文君选择了冷静和决绝，今日在酒会相见明日就各奔东西，两个人还是像山岭上的河流一样分道扬镳吧。

小山也安慰着自己，什么男欢女爱，什么海誓山盟，即使像卓文君和司马相如那样轰轰烈烈，也不过如背道而驰的流水，各奔东西；又像天空飘荡的浮云，四处漂泊，了然无踪。所以，陷入情爱的泥沼有何意义呢？不过是苦苦折磨自己罢了。

可是，如果小山这么容易就得到解脱那就不是我们心目中那个痴情、伤感的小山了。理智上，他虽然知道不该再为情所困，但是感情上，还是对这份已经逝去的情感抱有希望：东西分流的流水绕了一圈，不是终究会相遇吗？在楚襄王的经历中，漂泊不定的行云不是也在夜晚入梦，驱散他的寂寞了吗？那么，自己的那份情感，虽然暂时走失，应该还是有可能回来的吧。

至此，我们仿佛看到一个蹙着眉头的小山坐在地上自言自语，一手拿着一壶酒，一手拿着以前两人的鸿雁传书，满脸忧郁之色。可能有人要说，陷入情网的人果然智商下降，连对这么一段不可能有回报的情感都念念不忘。其实，他的内心清楚地知道这段感情早已没有任何希望，只是潜意识里不愿承认而已。

小山也是这样。他清楚地了解人类的感情不能与云水相比，很多人，包括自己惦念的那个人都比云水还要薄情寡义，一旦决意离开，便没有挽回的余地，相见更是遥遥无望。所以，自己的挣扎其实只是徒劳，而内心深处早就知晓了最后的答案。

感情是甜蜜的，但这个前提是它是双向和平等的。爱情一旦成了单方面的付出和期待，只会化作无尽的苦痛和折磨。哪怕自己已经看穿，一时间也无法将这段感情放下。一想到这种没有结果、毫无尽头的感情炼狱，就感到悲哀和绝望，过去最伤心难过之时也不过如此吧？

感情的世界里，痴情女负心汉的戏码总是在上演，而像小山这样的痴情男子却是少的。因其稀少，所以可贵，所以值得我们铭记和细细品味。

第五卷

蕙楼多少铅华在，从来错倚红妆

小山善于将深闺中女子的离愁别绪诉说得淋漓尽致。但正如那些被困在锦绣院落里的女子一样，这种感受何尝不是终生事业未就、爱情无成的他对白白辜负了这韶化流年的感怀呢?

斜阳只与黄昏尽

卷絮风头寒欲尽。坠粉飘红，日日香成阵。新酒又添残酒困。今春不减前春恨。

蝶去莺飞无处问。隔水高楼，望断双鱼信。恼乱横波秋一寸。斜阳只与黄昏近。

——《蝶恋花·卷絮风头寒欲尽》

晚春时节，伊人独坐，微寒的风挟裹着纷飞的柳絮在空中胡乱地舞着，似乎要将这最后的一丝寒意驱散。寒风卷絮，寒意将尽。“落红铺径水平池，弄晴小雨霏霏。杏园憔悴杜鹃啼，无奈春归。”飞絮总是如此无情地在纷飞中将春带走，是风无情还是飞絮不解人意，无人知晓。小山借昔人多用的飞絮洒落在寒风中的景象，表达惜春之意、无奈之情，令人触动。

斜风过处，落英纷飞，前几日还盛开的春花也已凋零，朵朵色彩已逝的花瓣迫不得已地飘落下，夹杂着毫无生机的花粉，风中还残留着花朵的芳香，可是早已不似原来那样浓郁。花朵美丽却不能长久，曾经动人艳丽，终究也逃不掉飘零的命运，“落红不是无情物，化作春泥更护花”，美丽的事物终究不能长久，就像这美丽的春。

多情的小山不免在愁苦的思绪中增添了几分无奈的惜春之情，可是即使无奈又能怎么样？古往今来，惜春之人太多，“春尽花未发，川回路难穷”、“流水落花春去也，天上人间”、“林花谢了春红，太匆匆，无奈朝来寒雨晚来风”、“残阳寂寞东城去，惆怅春风落尽花”……可是时光飞转，四季更替，春天不会因为任何人的惋惜而停止它的脚步，多情的人只能无可奈何地惋惜。

伊人独坐窗台，春景已逝，思念之情无计消除，只得借酒排解心中的忧思，饮下一杯接着一杯的美酒。可是“新酒又添残酒困”，无论怎样都挽留不了这离去的春，消解不掉一春又一春的恨。美酒可以消除忧愁，时间会冲刷掉一切的恨，可是事实真是如此吗？未必。俗话说借酒消愁愁更愁，自古以来多情的人总是喜欢借酒消愁，小山也是如此。然而，离恨不会因为美酒而消除，反而会在时间里显得更加悠长、无奈，今春减不了前春的恨。

春意盎然、春花怒放时，彩蝶飞舞、黄莺婉转歌唱，充满了生机，这是春的魅力。可是时间消逝，春花凋零，春景不再，就连翩翩的蝶儿、婉转歌唱的黄莺也已经了无踪迹了，连影子也消失在这晚春的风中，原本安静的院子更无生气了。此时小山的内心是不是也有一种无限的失落？是不是也有一种物是人非的感觉？世事无常，可是人还是如此痴情，痴情的人与无情的物形成鲜明的对比，更加表现了伊人的深情。

一水相隔的楼台，如此熟悉，如此安静，多少次满怀希望独上高楼，凝望远方，却看不到来人，盼不来音信。又到黄昏，希望又一次落空，实在让人无奈，远处的斜阳在薄薄的云雾的笼罩下是那么地美，一天又将逝去，孤独的夜又将开始它漫长的等待。

“可恨良辰天不与，才过斜阳，又是黄昏雨。朝落暮开空自许，竟无人解知心苦。”小山曾经也在一首词中写下过这样的诗句。“斜阳只与黄昏近”，斜阳很美，可是却是那么地短暂，“夕阳无限好，只是近黄昏”，掺杂着无限的悲喜之情。很多事情都是让人无奈的，夕阳如此，人生又何尝不是如此呢？没有十全十美的爱情，就像小山的诗歌，充满了细腻之情，凄婉动人。虽然也有人说他成就不及晏殊，可是小山仍以他的独特个性畅游在诗词世界之中，抒写自己的情义，表达自己内心最真实的感情。现实生活中，很多事情我们无法改变，只能在“斜阳”与“黄昏”中寻得心理的平衡，日复一日，也许等待还在继续。

望眼欲穿又能怎样？此情此景，不免让人联想到一幅凄美的场景：寒风将逝，落英缤纷，孤独楼台，一位精心装扮的美丽女子独倚楼台，满怀期待地向远方张望着，手中的手帕被来回揉搓得失去了原本的优雅。时间渐渐地过去，黄昏的斜阳诉说着一整天的等待，此时也已经失去原来的光泽，无奈而又凄凉。一天又要结束了，又是白等一天，可是有谁知道明天会不会依然在失望中结束呢？什么时候才是终点呢？女子无奈地愁苦着、伤心着。

一天又一天，一年又一年，景色在不断地更替、循环着，美景来了又去，去了又来，可是人呢？人在一年又一年的等待中渐渐地老去，容颜不再，可是却依然那么执着地等待着。小山的这首词，让我想到了李清照的《点绛唇》：“寂寞深闺，柔肠一寸愁千缕。惜春春去，几点催花雨。倚遍阑干，只是无情绪。人何处，连天芳草，望断归来路。”同样是思妇形象，同样是惜春之情。

古代诗词中，思妇往往是诗人的自喻。诗人们把自己比作思妇或弃妇，表达自己的孤独、落魄和得不到重用的怅惘。这首词中小山又一次刻画了一位闺中思妇的形象，她惜春怀人、孤独寂寞、愁情难遣，在晚春的景色中凄凉地等待着归人归来。可是希望总是一次又一次地落空，那种无奈、愁苦在景色的衬托下更加细腻地被呈现出来。小山以暮春之景渲染思妇愁苦之情，令人感伤。

小山在另一首《玉楼春》里，也把这种伤春情绪描写得淋漓尽致：

东风又作无情计，艳粉娇红吹满地。碧楼帘影不遮愁，还似去年今日意。

谁知错管春残事，到处登临曾费泪。此时金盏直须深，看尽落花能几醉。

东风无力百花残，自然总是无情，不理会人们对春天的殷切留念，只教落红满地、柳枝堪折。深深庭院里的厚重帘帷挡不住东风，也挡不住无限惆怅，才发现年年春日自己都是被锁在幽深大院，目之所见只是一块碎片的天空和来回飘过的飞鸟。而自己每年一次的青春也如这院中艳丽的花朵，每年盛开一次，但每年又在风中飘零、虚掷。年年岁岁，这种空洞和怅惘何以排除？伤春就是伤己，既然春天和青春注定要凋零，何必要“泪眼问花花不语”而空留泪水呢？可是，这种深深的惆怅何以排解？那就寄托在杜康酒中吧，只不过不知道自己的闲愁需要一个多大的金盏才能装下呢？

看遍古诗词里的伤春词话，大多是女子写成。不禁为那些青春无着、无力摆脱的女子的悲惨命运而扼腕叹息。她们本该和男子一样在广阔的天地里嬉闹玩耍、自由成长，然后带着一颗历尽沧桑的心灵重新诠释人生。可是现实却让她们终日紧闭在锦门绣榻之内，靠着斗草、秋千等为数不多的娱乐活动度日，然后期待骑着一匹紫骝骏马的男子经过时，听到自己的婉转曲子，然后拯救自己空虚无趣的人生。

哀筝细将幽恨传

哀筝一弄湘江曲，声声写尽湘波绿。纤指十三弦，细将幽恨传。

当筵秋水慢，玉柱斜飞雁。弹到断肠时，春山眉黛低。

——《菩萨蛮·哀筝一弄湘江曲》

如果一个人的心里满含深刻的悲哀，那会是一种什么样的姿态？愤怒在心底发酵到极致的过程中，他定然经历过自我催眠式的希望，直至被现实打击得不可置信，然后心灵才会呈现出一种心如死灰的绝望。但是富有生命力的心灵却会盘旋而上，在接受现实时催发出一种淡定。那是一种即使在狂喜中也会散发淡淡忧愁的气息，即使在无边落寞中也有一种打不倒的乐观。在整个过程中，人的灵魂被抛上天又甩下来，经历若干波折，将全部精力都用在自我挣扎和搏斗中，哪里有时间去和外界愤怒？所以，悲哀到了骨子里，必然不是一种苦大仇深、张牙舞爪的姿态，而是一种洞察悲剧，但任何困境都打不倒的坚韧感。

这样的姿态常常出现在饱经苦难而又豁达超脱的心灵中。比如贬谪后的苏轼，“莫听穿林打叶声，何妨吟啸且徐行。竹杖芒鞋轻胜马，谁怕？一蓑烟雨任平生”，无论苦难如何像箭雨一样袭来，他都不惧怕，然后以一种大无畏的态度继续前行。经历了“巴山楚水凄凉地，二十三年弃置身”的刘禹锡想到要把一生最美的韶华空度就心如刀绞，但是多年的苦难早已让他学会了淡定和乐观，“沉舟侧畔千帆过，病树前头万木春”，他这样安慰自己，告诉自己总会有境遇转好的那一天。一生张扬的李白在过了跌宕起伏的生活后也写出“问余何意栖碧山，笑而不答心自闲。桃花流水窅然去，别有天地非人间”的句子，在无边的寂寞和独守中发掘细碎的快乐。

小山自然也深知这种悲哀，只是这一次他把这种姿态置于一位歌女身上。古筝特有的清冷音调让听者内心一紧。而弹奏的曲子不是高贵优雅的《高山流水》，也不是清新感伤的

《阳关三叠》，而是一曲《湘江曲》。

湘江在中国历史上是一条代表着悲伤的河流，因为这条河寄托了太多痴情女子的泪水。先是自言为“湘君蛟宫之娣”的汜人，可能在浣洗时见到了仪表堂堂的郑生而为之动容，也可能为书生那种淡定、沉稳的姿态所打动，让她心甘情愿地扮作无家可归的人跟着郑生回了家。这样的日子，一过就是十年。这十年，她忘记了龙宫的金碧辉煌和仙人的无忧无虑，却一心沉醉于与爱情相关的点点滴滴里。可是，某一天，汜人在郑生沉睡之际默默地收拾好行李，带着对他的全部思念和惦记翩然离去。故事到这里结束，未免让人感觉又是一个许仙和白素贞般的人仙之恋，可是后面的情节却让这个故事更加动人心弦。十年后的郑生登上岳阳楼，却发现高达百尺的画船彩楼，神仙峨眉陈列其中弹弦鼓吹。就在那样的时刻，不经意间看见十年来那个心心念念的面庞，娇艳如初，怀抱古琴，含颦凄怨。原来，她也像自己一样一直把这段情放在心底，而她手中轻抚的那首琴曲经过十年的发酵也把思念、遗憾融入其中，让人听到之后心神大恸。

别了汜人的泪水，再看一看湘妃的泪。“虞帝南巡竟不还，二妃幽怨水云间。当时垂泪知多少？直到如今竹且斑。”娥皇、女英一直以妻妾和谐而著称，殊不知她们人性中呈现出最闪耀的一面是因为那份深情。听到虞帝南巡猝死的消息，她们的世界犹如崩塌了一样，直至哭泣得连湘江边的竹子也泪迹斑斑。

氤氲了这么多泪水，湘江的水也成了那种浓得化不开的琥珀绿色，悠悠地荡到人心最柔软的地方，抚平人内心的行行褶皱。而女子的筝声如泣如诉，仿佛让人看到了那一波浓得化不开的绿水和思愁。女子抱着飞雁一般的弦柱，纤纤手指，奏出的都是心里最深的幽怨。虽然从头至尾，没有看到哀号的狰狞，但那越来越低的如黛眉宇和秋水烟波足以让人揪心地疼痛。

她到底在哀伤什么？是在哀叹自己身世如飘零浮萍，无依无靠，是在哀叹自己夜夜笙歌后的寂寞空洞，还是在哀叹本以为遇到了他，找到了此生寄托，却终究面临着别离？我们不得而知，只是她也是幸福的，因为有个男子懂她的哀愁，而且用如此美的语言把她的姿态镌刻了他的词里。

年年拼得为花愁

守得莲开结伴游。约开萍叶上兰舟。来时浦口云随棹，采罢江边月满楼。

花不语，水空流。年年拼得为花愁。明朝万一西风动，争向朱颜不耐秋。

——《鹧鸪天·守得莲开结伴游》

女子，尤其是豆蔻年华的女子大概是世界上最通透、最纯洁的存在。“手如柔荑，肤如凝脂，领如蝤蛴，齿如瓠犀，螓首蛾眉，巧笑倩兮，美目盼兮”，她们有着年轻清爽的外形；“清水出芙蓉，天然去雕饰”，她们有着自然清新的气质；“户外嗤嗤笑不已。婢推之以入，犹掩其口，笑不可遏”，她们还有着天真烂漫的性格。

而这首词描写的就是小山对美好女子的欣赏和赞美。夏日正是“接天莲叶无穷碧，映日荷花别样红”的时节。铺天盖地的荷叶随风轻轻飘荡，时而摇成一阵微风，时而荡成一股绿浪，氤氲着荷叶清香的味道。在层层叠叠的荷叶中间站立着高高的叶颈，犹如一个颀长的身躯。头顶上的娇艳莲花，花瓣大而繁复，通透的酡红好似少女娇羞的脸庞。

勤劳的少女们并不像文人骚客那样对着荷塘美景吟诗作对，她们有更加紧急的事情要做。她们三两成群，相约一起采莲。她们驾着小巧的扁舟，熟练地穿梭在厚厚的荷叶之间。她们像一条条灵巧的鱼儿，欢快地在水里翻转穿行，小心地避开还没长成的莲，采下成熟的莲蓬，堆在小舟后部。她们边采莲，边调笑、嬉闹着，从绿荫深处也传来水波荡漾声和欢笑声。欢乐的时光很快就这样过去了。女孩子们是趁着傍晚时分天气凉爽时下水的，推动船桨时抬头还能看到云儿在随风飘动，可是当采莲结束才发现黄色的月早已高悬空中，水边和高楼都沐浴在月光的清辉中。

在中国关于采莲的诗歌中，最出色的当数梁元帝的《采莲赋》：“于是妖童媛女，荡舟心许，鹢首徐回，兼传羽杯。棹将移而藻挂，船欲动而萍开。尔其纤腰束素，迁延顾步。

夏始春余，叶嫩花初。恐沾裳而浅笑，畏倾船而敛裾，故以水溅兰桡，芦侵罗衣存。”这和本首词一样描写的正是采莲女们的天真无邪。这是一幅多么美的画面，夏日绿叶、红花的勃勃生机和少女们的绯色脸庞交相辉映，奏出的都是一曲曲生命的篇章。

如前文所说，只有像小山这样的清透心灵才能看到这么唯美轻快的画面，但是小山的敏感纤细的心灵又注定他会从这些欢乐深处挖掘到让人同情和伤感的细枝末节。

在词的下片，小山道出了那些女孩子们心中的悲哀。红花绿波看似美丽，但是一旦秋风来袭，这些娇嫩的花儿就会凋零陨落。青春虽美丽，但却惊人得短暂。莲如此，人生也是如此。每年都是同样的红花绿水，可是自己却渐渐年华逝去，青春也即将不再。荷花坠落有众多采莲女怜惜，可是自己芳华老去又有谁怜谁惜呢？时光悠悠，莲曲悠悠，“采莲南塘秋，莲花过人头；低头弄莲子，莲子青如水”，人这一生不就是找一个懂得怜惜自己的人吗？

在晏几道的另一首《清平乐》里，也写了采莲的情况。

莲开欲遍。一夜秋声转。残绿断红香片片。长是西风堪怨。

莫愁家住溪边。采莲心事年年。谁管水流花谢，月明昨夜兰船。

如此繁花盛开的景色让人感受到无穷的生命力。豆蔻年华的女子撑着一支竹篙，驾着一叶扁舟，驶向绿油油的荷塘深处，摘荷叶、采荷花，“清水出芙蓉，天然去雕饰”，人和花就这样完美地融合在一起。随着一管羌笛声奏起，一声蝉鸣叫起，一阵西风袭来，万顷荷塘上的生机次第消逝，到后来只剩下残花败叶，而荷花的片片香气还没有散到荼蘼就突然被折断在微凉的空气里。

年年岁岁莲花以同样的怒放的姿态盛开，然后又齐齐地迅速凋零。采莲的女孩子将其一一看在眼里，眼底的眸光流动渐渐变深，收入她的心里。自己也如莲花，虽暂时芬芳但一年更比一年老。今日我伤秋风落红，明日谁又管我水流花谢呢？

荷花深处话凄凉

长恨涉江遥，移近溪头住。闲荡木兰舟，误入双鸳浦。

无端轻薄云，暗作廉纤雨。翠袖不胜寒，欲向荷花语。

——《生查子·长恨涉江遥》

“当你老了，白发苍苍，睡意朦胧，在炉前打盹，请取下这本诗篇，慢慢吟诵。梦见你当年的双眼，那柔美的光芒与青幽的阴影；多少人曾爱过你的美丽，爱过你欢乐而迷人的青春，假意或者真情。唯独一人爱你朝圣者的灵魂，爱你衰老的脸上痛苦的皱纹；当你佝偻着，在灼热的炉栅边，你将轻轻诉说，带着一丝伤感：逝去的爱，如今已步上高山，在密密星群里埋藏着它的赧颜。”叶芝曾在他的这首诗里描摹出那让人动容的情感，相依相守不是为了姣好的脸庞和纤细的腰肢，而是为了两人心灵的那种契合和欣赏。值得爱的那个人的心灵，本身就是一部一辈子也读不尽的书。而只有深刻思想的男人才能看清这点。

古往今来，流连于青楼瓦肆、沉迷于温柔乡的人很多，但很少有至情至性之人透过那香艳的皮囊去了解这些女性内心的悲欢离合。而小山恰恰是这少数人中的一员。小山出身贵胄家庭，又性情清高，在看惯了官场的各式规则后，他不屑于像父亲晏殊那样流离官场，却在那些单纯善良的女子身上寻找到一生寄托。“记得小苹初见，两重心字罗衣。琵琶弦上说相思。当时明月在，曾照彩云归”，他因为女子的惊鸿一瞥而悸动，又因为她的离别而感伤不已；“春悄悄，夜迢迢。碧云天共楚宫遥。梦魂惯得无拘检，又踏杨花过谢桥”，他会日夜思念，即使在梦里，灵魂也会踏上那条再熟悉不过的路寻找往昔的温暖。

在爱情的战争中，男人的姿态是进攻的，女子的姿态是被动的；但是在爱情的坚守上，男子来势汹汹但去得也快，女子却温婉绵长、细水长流。女子常常输了男人，但胜了爱情。小山就是体会到了这样一种感受，才写下了这首《生查子·长恨涉江遥》。

这首词的开始，就是一个为爱勇敢的女孩子的形象。在两个人相识相恋的初期，总是恨不得化为对方身体上的一部分，这样就能时时刻刻相守在一起。而女孩就是嫌两人之间江水相隔太过遥远，索性将自己的铺软一起搬到了溪水旁边。这种为了爱情不顾一切的姿态大概只有这种女子能做出来吧。这不得不让人想起敦煌曲子词里那段炽热的告白和誓愿："枕前发尽千般愿，要休且待青山烂。水面上秤锤浮，直待黄河彻底枯。白日参辰现，北斗回南面。休即未能休，且待三更见日头。"我一生一世和你相依相守，直到海枯石烂、星辰倒挂。都说女子柔弱，纤细如蒲草，可是蒲草一旦遇到爱情便坚韧起来，力量真是坚定得可怕。

每一段恋情的初期都是甜蜜的。娇羞女子的一颦一笑都被纳入男子的眼中，然后融化成点点爱意和宠溺的姿态，而生性被动的女子却一步步上前，大胆表达出自己的欢喜和惦念。还记得在一起时的那段甜蜜时光，一起赏花品月，共享万籁清夜，共剪西烛，一夜畅谈，一起泛舟湖泊。

最完美的爱情是在冥冥指引下遇到一个与自己严丝合缝地契合着的另一半灵魂，然后结合在一起。这样的爱情，不用多加什么甜言蜜语的修饰和金银彩石的点缀，只是一个默契的眼神和动作，便足以在内心最深处感受到最纯真的爱情悸动。

《白雨斋词话》里写道，“北宋晏小山工于言情，出元献，文忠之右，然不免思涉于邪，有失风人之旨；而措词婉妙，则一时独步。”意思是说小山善于用清丽优雅的语言来完成这种私密的表达。然后，最残忍，也是最常见的场景——痴心女子负心汉又一次上演，那份对爱情的期待和憧憬也碎了一地。红颜见弃，愤怒、羞愧、痛苦和失望像冬日里刺骨的雨水一齐从天而降，即使穿着水袖长衣也会感到彻骨寒冷，直直地躲到荷花深处，仿佛只有这样才能舔舐自己的蚀骨痛苦。

被抛弃的女子都会经历这样一个情感阶段，只不过那些性格刚烈、豁达的女子可能从情伤中愈合得更快一点。还记得那个“愿得一心人，白首不相离”的卓文君在听闻司马相如背弃誓言、另结新欢时骇人的冷静和决绝。她没有为逝去的爱情哭泣，也没有为誓言落空责备，只是直截了当地表明分道扬镳的决心和一刀两断的爽快。只是，卓文君终是一代奇女子，很少有人能够像她那样超脱吧。

其实，在这个让人同情的女子身后，我们看到的是隐藏着的观察者和叙述者晏小山。他曾混迹于酒楼茶馆，看过了太多女子的天真烂漫和太多男子的凉薄残忍。女子在经历过被爱情抛弃后那副无助和痛苦的神态早已铭刻于他的心中，每每想起总心痛不已。

一春弹泪说凄凉

日日双眉斗画长，行云飞絮共轻狂，不将心嫁冶游郎。

溅酒滴残歌扇字，弄花熏得舞衣香，一春弹泪说凄凉。

——《浣溪纱·日日双眉斗画长》

总是有那么一种人，他们生活在灯红酒绿、氤氲着浮华奢靡的生活里，内心却极为凉薄寂寞，他们深谙众人追逐的名利世界不过是一团浮华的虚空。于是，他们像出于淤泥而不染的莲花，把包裹身上的物质外壳一一褪去，只剩下纯真质朴的内心，那才是真正活着的、有勃勃生机的灵魂。

这类人通常可以分为两种：一种是浮华阅尽的浪子，一种是流落青楼歌榻的女子。前者在尔虞我诈、勾心斗角的官场厮杀，疲惫之余也渐渐看淡，转而归隐经营自己的灵魂；后者在推杯置盏、逢场作戏中辗转，终于发现爱情的本质不是那些耀眼的、可以卖弄的虚荣，而是“愿得一心人，白首不相离”的平淡相守。而这两种人看似超脱，却和周围的环境格格不入，被视为异类，也必定会经历一番理想与现实的落差和挣扎。王铚在《默记》中说：“叔原妙在得于妇人”，“小山之歌儿舞女，闲愁缠绵，情思宛转，无一不真”。小山的词无关乎经国伟业，无关乎军政大事，而关乎那颗通透、真挚内心的所思所感，而他作为一个生活在将相之家、深谙权力的黑暗运作的富贵儿，更能够发现这个浑浊世界上难得的净土。

《浣溪纱·日日双眉斗画大》里描述的就是这样一位歌女。她有着精致华丽的妆容，把本就绝色的姿容衬托得更加显耀。她有着纤细的腰肢、轻盈的步子，每走一步都有生花般的曼妙，让很多男子垂爱有加。

在外人看来，她们的生活是繁华瑰丽的。可是，终年行走在这种风月场上，见惯了男子的逢场作戏和薄情，她们也渐渐知道守住自己的内心，不应轻易托付感情。尽管如此，她们内心深处还是渴望一份忠贞平等的感情，绝对不能将自己嫁给浮华浪荡之人。每每想到这儿，便心痛如绞，如果不是为了生计，谁愿意每天戴着面具，向那些放浪男子卖笑？如果不是无奈，谁愿意把自己的大好青春虚度在这里？如果不是无计可施，谁不想找个重情的男人，过男耕女织、相夫教子的生活，谁又愿意每天晚上都因没有归属感而在梦中惊醒？表面上的风光背后隐藏了多少的无奈委屈、年华虚掷的不安定感，谁人又能知道？只能在喧嚣褪去之后一个人暗自流泪罢了。

而这样的女性也不乏其人，有因对爱情失望刚烈投江的杜十娘，有忠贞不二、誓不再嫁的李香君，有死心塌地、一心支持蔡锷的小凤仙。

和歌女们有露水姻缘的男人很多，但是能够透过她们卑微的外表读懂那平等而辛酸的心灵的男人不多。柳永“忍把浮名，唤了浅斟低唱”，杜牧“十年一觉扬州梦，赢得青楼薄幸名”，欧阳修能看到歌女们“拟歌先敛，欲笑还颦，最断人肠”，小山亦如是，他们发现了娇艳外表下其实隐藏着的是一颗悲凉之心。

正碍粉墙偷眼觑

小莲未解论心素。狂似钿筝弦底柱。脸边霞散酒初醒，眉上月残人欲去。

旧时家近章台住。尽日东风吹柳絮。生憎繁杏绿阴时，正碍粉墙偷眼觑。

——《木兰花·小莲未解论心素》

爱情，应该是一种什么形态？是按父母之命、媒妁之言结为伉俪，相敬如宾、举案齐眉地度过一生？还是在人生的某个时刻与他（她）不期而遇，用尽全身心的气力一起燃烧，把最浓烈、最绚烂的部分深深烙进心里，成为午夜梦回时反复舔舐的痕迹？也许，前一种是生活和婚姻，后一种是激情和梦想。很少有人能够把生活和理想完美地结合在一起，小山亦然。他一生心心念念的莲、鸿、苹、云四位女子流荡他方、音信全无，而自己却和一位根本不了解自己内心志趣的女人共度了一生。

他的《小山词》多数是回忆以往的欢愉和甜蜜，大概也是因为现实中的婚姻、事业和生活不甚顺利的缘故。得不到的永远是最美好的，所以那些年轻时期的轻狂时光也成了他心中久久惦念的。张爱玲在《红玫瑰和白玫瑰》里对这个问题做过形象的描述，“也许每一个男子都有过这样的两个女人，至少两个。娶了红玫瑰，久而久之，红的变成了墙上的一抹蚊子血，白的还是‘床前明月光’；娶了白玫瑰，白的便是粘在衣服上的一粒饭粒子，红的却是心口上的一颗朱砂痣。”从这个角度看，小山诗词中的那些歌女们则是他心口上的一颗颗朱砂红痣，隐秘却殷红。

在这首《木兰花·小莲未解论心素》里，小山就把心中那种难以磨灭的滚烫惊艳和思念记了下来，把那一刹那变成了永恒。

彼时的小莲还是豆蔻年华，涉世未深，还不懂得怎样掩饰自己内心的情感，所思所想都如狂风骤雨般倾泻出来。她会肆无忌惮地说出自己对现实的不满、对喜欢的男子的好感、对未来的担忧、对甜蜜的渴望。她的筝曲犹如她的人一样直率而坦白，琴弦底部的琴柱被弹奏得斑驳作响、狂乱不已。

女孩子都以温婉大方、娴静娴熟为美，所以“静如处子，动如脱兔”和林黛玉般“两弯似蹙非蹙罥烟眉，一双似喜非喜含情目。态生两靥之愁，娇袭一身之病。泪光点点，娇喘微微。闲静时如姣花照水，行动处似弱柳扶风。心较比干多一窍，病如西子胜三分”的形态才会成为人们反复吟咏的对象。可是，小莲一点都不注意这些，却是另一番天真活泼的景象。你看她醉酒初醒时的样子，衣衫早已被自己拉扯得不成样子，妆容也早已斑驳不堪，脸上一片绯红，明显是酒精留下的红晕，摇摇晃晃地说要回家，却又迷迷糊糊地不知道自己要去哪里。她不是一位知书达理的小姐，而是一个天真烂漫的孩童。

人言天真者都是富贵之人，比如小山、纳兰性德、贾宝玉，他们之所以痴情得天真，是因为都是含着金汤匙出生，不需为世俗中的人事而奔波游走，所以可以大大方方地按自己的性子对世事寡淡，对爱情浓烈。但是，真正的天真与财富无关，否则为何家境破败后的小晏还是爱得天真痴呆，否则为何出身青楼、身世飘零的小莲也是一副天真模样?

她出身青楼，身份卑微，终日像风中柳絮一般随风飘摇。

后来才被人收入门下充当歌伎。可是她的天真让人捧腹，即使是心情沉郁的人看了她的一颦一笑也会忍俊不禁。

她非常讨厌枝繁叶茂、郁郁葱葱的春天，虽然文人叹其生机勃发，但她只觉得它繁复碍眼。当喜欢的他经过时，那些枝蔓真的是妨碍自己肆无忌惮地欣赏，所幸能从围墙边偷偷窥视，一解相思。在这儿，小莲多么像李清照《点绛唇》里所写的“蹴罢秋千，起来慵整纤纤手。露浓花瘦，薄汗轻衣透。见客入来，袜刬金钗溜。和羞走。倚门回首，却把青梅嗅”所描写的女子那样。她天真自如，在秋千上玩得酣畅淋漓，青衫尽湿，也不计较什么小姐形象。她满怀少女情怀，一听到人声就像一只偷腥的小老鼠提着没穿好的袜子窜到一边，羞涩之态仿佛不知道自己是相府的小姐。可是她又迫切地想看看来人，以缓解自己内心的无尽相思。于是，她装作若无其事的样子，捻起一支青梅倚在门口装出一副赏花的样子，借机把这个男人看了一回。

“你站在桥上看风景，看风景的人在楼上看你。明月装饰了你的窗子，你装饰了别人的梦。”世间最美的事情就是你在偷偷关注别人的时候，别人也在默默地看着你。两位少女以为没人注意到自己便肆无忌惮地想心中所想，可是早已有人注意到这些既好笑又可爱的女子，心里泛起阵阵怜爱。

中国的文学作品中也不乏这种天真烂漫、率真自然的形象，在文学的大花园里熠熠生辉。

《郑风·褰裳》里的女子心中满怀对男子的惦念，却等不来男子的只言片语，她一反封建社会对女子含羞内向的要求，面对着泱泱河水和河那边的男子肆无忌惮地把心中的想法毫无保留地倾泻出来：“子惠思我，褰裳涉溱。子不思我，岂无他人？狂童之狂也且！”这份压倒性的自信、向男子发号施令般地索要思念，生动而深刻地把一个活泼天真的少女形象刻画于在纸上。

于是，这些活色生香的女孩子们，通过文字永远活在了诗歌和春天里。

汉渚星桥尚有期

梅蕊新妆桂叶眉。小莲风韵出瑶池。云随绿水歌声转，雪绕红绡舞袖垂。

伤别易，恨欢迟。惜无红锦为裁诗。行人莫便消魂去，汉渚星桥尚有期。

——《鹧鸪天·梅蕊新妆桂叶眉》

爱情给人甜蜜，也让人成长，这一成长的“老师”远远比任何礼仪教授来得有效。因为一旦春风把爱情的种子带到内心绵软的土壤上，它就会以一种不可思议的强大力量扎根发芽，一直把根系插到内心最深处，挖掘到持久动力让自己不断向前。而它的养料则是对甜蜜爱情的憧憬和向往以及在爱情中变成一个更好的自己的渴望。所以，如果想改变一个人，就让他去经历爱情的波涛汹涌吧。

初识小莲时，她还是个不经人事、天真烂漫的少女，幼稚如同孩童。还记得她乱弹琵琶时的轻狂、浓妆艳抹的随性、不拘小节的爽朗和粗中有细的少女相思。每个人都或多或少有这样的天真元素，但或因为礼教，或因为束缚而被修剪殆尽，成为所谓的“纤纤淑女”。可是，谁能说我们不羡慕这种天性自然流露、带着赤子之心的女孩子呢？

这首《鹧鸪天·梅蕊新妆桂叶眉》里描写的小莲已经褪去了孩童般的幼稚和轻狂，多了少女的辗转情思和羞涩缠绵。如若没有上一首《木兰花》，简直就要相信小莲生来就是这么个旖旎佳人。

这时的小莲已经不是那个酒醉之后彩妆惨淡、衣衫不整、醉眼惺忪、满嘴呓语的女孩了。这时的她也学会画上梅花般娇艳的精致妆容，细细描开如桂叶般的细长眉黛，这样一颦一笑就显得内敛优雅了。人们看待她时，不得不感慨“女大十八变”，再也不能把她当作涉世未深的小孩子，此时的她俨然是一位刚从瑶池沐浴而出的玲珑仙子。这时的小莲也不再痴痴傻傻、放浪疏狂。她轻移水袖，摇曳多姿，犹如一棵繁花满枝的树，她轻启朱唇，自在娇啼，让那绕梁的音乐如绿水一般轻轻飘荡。小莲真正成为了一名秀外慧中的佳人。

小山在另一首《菩萨蛮》里，也记录了小莲的蜕变：

香莲烛下匀丹雪。妆成笑弄金阶月。娇面胜芙蓉。脸边天与红。玳筵双揭鼓。唤上华茵舞。春浅未禁寒。暗嫌罗袖宽。

她学着铺上香粉，画上成熟的浓妆，那一份艳丽让夜晚的新月也黯然失色，让池里新生的芙蓉也颜面无光。她又学会了风华绝代的技艺，鼓瑟声声，舞步轻移，舞动出少女的娇俏姿态。

《小山词》里，思念和回忆都有明确的对象，这和以往诗词泛泛地描写相思不同，体现了小山的真挚和无所顾忌。而《小山词》中有关小莲的诗词很多，可见小山对小莲的惦念之深。小莲爱上的人是不是小山不得而知，但是在这首词中的小莲分明是恋爱的神态。

自从和一个人相爱，就体会到了两个人在一起时的甜蜜滋味，也终于知道为什么古往今来“问世间情为何物，直教人生死相许”。人们对爱情如此痴狂，也终于知道“此情无计可消除，才下眉头，却上心头”的相思滋味。自从和他在一起，恨不得每时每刻都能看到那炽热的目光，但时光不作美，两人总是分飞两地，所以会恨为什么离别的时光那么漫长，而在一起的欢乐时光却总如手中的细沙，流逝得太快。

换作以前的自己，必定是“莫愁前路无知己，天下谁人不识君”、“海内存知己，天涯若比邻”般的乐观和豁达，毫不在意片刻的分离，可是现在自己的内心不再是空落无着，而是有了一份牵挂，恨不得找一匹红锦，在上面用蝇头小楷一笔笔写下自己的相思和挂念。路途太远，惦念太盛，总怕自己的一腔相思会凭空寄托。所以，也忍不住叮咛离人，千万不要忘记这儿还驻扎着一份坚定的思念，不要像“一春犹有数行书，秋来书更疏”那般绝情，也不要“浮云蔽白日，游子不顾反”。牛郎、织女“银河迢迢暗渡”，尚且能够一年一见，缓解相思。所以，远行的人儿，千万不要太过绝情。

小莲这一改变背后的原因是什么？是爱情。相恋使人细腻通透，相思使人百转千回，离恨使人愁肠百结，背叛使人豁达成熟。总之，爱情这位老师会倾其所有教给人们，让他们从懵懂无知、粗犷天真的人变成通晓人情、七窍通透的人。

半镜流年春欲破

长亭晚送。都似绿窗前日梦。小字还家。
恰应红灯昨夜花。
良时易过。半镜流年春欲破。往事难忘。
一枕高楼到夕阳。

——《减字木兰花·长亭晚送》

小山擅写妇人之心，写离别，写相思，写闺怨。这大致是因为他有一颗善感之心，他像一只河蚌，壳里进了情感的沙子却不肯吐出来，只是放在壳子里用力地酝酿着，直到钻心的疼痛和着血泪形成一颗颗真正的珍珠。西晋张华《博物志》："南海水有鲛人，水居如鱼，不废织绩，其眼能泣珠。"

小山是否也像鲛人，品味心伤，对月流珠？

还记得那个傍晚，日头早已微沉，两人依依不舍地在长亭古道上相送十里，任凭夕阳把两个人的背影拉得斜长。看多了绝情行者和痴情思妇，只把万千叮咛汇成一句“多加餐饭，不若早归”，自己的心意这个男子该是懂的吧。自己不愿意成为那种终日哭哭啼啼、忘穿秋水的思妇，提醒自己“得之我幸，不得我命”，于是用大把的时光去干自己要做的事情：家务、农活、照料老少。纵是如此充实，心底里的相思还是会倔强地抬头入梦，一遍遍地将那个长桥相送的场景在脑中回放。而每每醒来，总是泪痕一片，都是相思之泪。

于是，收到了来自天边的锦书红笺，怪不得昨夜院中红花次第开放，原来是暗示有喜事逼近。迫不及待地拆开信封，信中还是一如之前的口吻，热切描述着旅途中的新鲜见闻、风土人情，也向女子一一确认着以前的海誓山盟。信笺虽薄，但却给女子带来巨大的喜悦。终究是没有相思空寄，距离变了，但好在两人的那份感情还没有改变。

喜悦过后，又陷入淡淡的哀愁，真是“试问闲愁都几许？一川烟草，满城风絮，梅子黄时雨”，萦绕心头，挥之不去。掐指算算，两个人在一起的时光，欢聚太少，离别太盛，总是根据他寄来的只言片语把自己的满腔提心吊胆和思念投射到大千世界里的某个方向去。而在家独处的时光则是静寂而琐碎的，静到可以记住院子里一朵花、一棵草盛衰的周期，记住一对燕、一只蜂飞舞的轨迹，记住太阳和风每次移动带来的温度变化。这样算算，似乎自己最美好的大半年华都耗在了这样的虚掷里，而春天易逝，自己也捧着半面镜子的誓言度过了兵荒马乱中的流离岁月。

可是，女子都是容易满足的，只要尝到一点爱情的甜蜜，她们就可以以这个为精神食粮，隐忍着挨过所有的孤独和颠沛。这个女子也是靠着梦里过往的甜蜜一步步地坚持下去。

词人所写的形象都是词人内心真实想法的投射，女子既渴望爱情又纠结矛盾而最后决心继续坚守的挣扎心境，小山定也是经历过的，而且我们相信他最后也做出了和女子一样的选择：坚守爱情，以爱为生。

蕙楼多少铅华在

绿绮琴中心事，齐纨扇上时光。五陵年少浑薄幸，轻如曲水飘香。夜夜魂消梦峡，年年泪尽啼湘。

归雁行边远字，惊莺舞处离肠。蕙楼多少铅华在，从来错倚红妆。可羡邻姬十五，金钗早嫁王昌。

——《河满子·绿绮琴中心事》

小山的词中多歌女，这些歌女的日子虽然优雅奢华但总是活得不太顺心，因为世俗的评判标准把自己的所思所想压抑心中，然后摆出一副淡定、豁达的样子。这种虚假而没有生命力的优雅让他不适，更让他想要逃避。而在早年混迹风月场所时，他本是“金鞍美少年，去跃青骢马。牵系玉楼人，绣被春寒夜”的浪荡不羁态度，可是不知从什么时刻起，他开始注意到了这些下层女子身上的闪光品质：她们活泼开朗，朴实不造作，毫无富家小姐身上那种迂腐的道学之气，她们能歌善舞，才艺双馨，最重要的是，尽管她们身上有累累爱情伤痕却仍然相信并渴望爱情。

所以，他对这些歌女的态度开始转化成了同情和怜惜，甚至想奉献出自己的爱情和承诺。在他的词中，他从男权社会的世俗眼光跳脱出来，用心体味歌女内心的欢快与悲凉；用心地经营和她们在一起的每一刻时光，尽量给她们带去爱情的温暖；他付出自己的承诺，终身以一种守护的姿态等待她们的回应。按理说，这样付出和态度应该会为他赢得完满的爱情，可是历史上的小山却和他的红颜知己们分飞两地，和一位不通文墨的粗俗女子共度了一生。这也是《小山词》处处是悲痛哀伤的腔调的直接原因。而探及这一悲剧发生的原因，这些女孩的心理绝对不能忽视，而小山也注意到了这点。

汉朝的班婕妤通晓历史，擅长音律，所作诗文和音乐常常能使汉成帝击节赞叹，她也恪守妇德，劝说汉成帝谨遵贤圣之君的操行。可是，身姿纤细、歌舞双全的赵飞燕一进宫，这位枕边的男子还是听信谗言把自己贬谪冷宫。在漫漫的冷宫岁月里，她冷静地反省自己的一生，写下《怨歌行》一诗："新裂齐执素，鲜洁如霜雪。裁为合欢扇，团团似明月。出入君怀袖，动摇微风发。常恐秋节至，凉飙夺炎热。弃捐箧笥中，恩情中道绝。"自己愿意被裁为团扇为君王带来凉爽，怎奈兔死狗烹，一旦没有什么用处，或者他有了新的玩物，旧人就被丢弃在一旁。班婕妤在写作这首诗时应该是屈辱的，因为她遭到古代女性一生最倚重的丈夫的抛弃；但她冷静而自持地接受了秋凉团扇见捐的命运，又偏偏靠自己的广博学识和淡雅心态实现了人生的突围，还写出了《自悼赋》和《捣练赋》。

在古代的女子的心里，团扇因此有了警戒的意义。挥着团扇跳舞的歌女们每每莲步轻移，便会想到汉朝那位温婉优雅、大方贤良却被贬入冷宫的班婕妤，孤寂和心酸就仿佛从历史和团扇中穿透，直刺入内心。于是，再弹奏绿绮琴时，琴声中就有了哀伤和不安的意味。

于是，夜夜效仿巫山神女入梦，可梦里并无痴情的君王等待；每每醒来，只有满脸的泪痕作陪。热闹之余，她们习惯性地远望，因为远方的某个方向是自己的惦念所在。她们可能没有李清照的超然脱俗，却也期望在雁字回时收到离人的报信红笺，告诉自己还有人惦念着自己。可是，现实却从来都是音信杳然。原来当时的海誓山盟全是一时冲动，怪只怪自己太过认真。这么多年，经历了这么多的你侬我侬，可是“相交遍天下，知己有几人?”在这热闹喧嚣的欢场生涯，自己的心灵原来还是冰冷。意识到这点，才恍然发现半镜流年已逝，不论是自己还是那些天生丽质的姐妹早已不再年轻、甜美。

歌女们最怕的就是听到自己的好姐妹嫁人的消息了吧，因为她们那么轻易地就找到了人生归宿，让自己羡慕不已。而自己还处在浓妆淡抹、强颜欢笑的轮回里，在空洞的华美里迅速衰老。但她们大概也渴望听到这样的消息吧，因为这说明幸福还存在，为爬行在黑暗里的自己增加了一份值得期待的光亮。

是的，期待爱情，犹如期待光明。她们见识过奢华和香艳，深知奢华容易流逝，香艳流于表面。所以，在她们的内心深处，是出淤泥而不染的，反而坚定地相信和期待爱情。历史上从来不缺少这些歌伎、舞伎的期待，“为失三从泣泪频，此身何用处人伦。虽然日逐笙歌乐，常羡荆钗与布裙”，虽然日日欢声笑语，但最想要的还是褪去脂粉和装饰，过穿着粗布粗服、为丈夫打扫下厨的普通女人的生活。鱼玄机也写过“羞日遮罗袖，愁春懒起妆。易求无价宝，难得有心郎。枕上潜垂泪，花间暗断肠。自能窥宋玉，何必恨王昌”，金银易得，而痴情郎难得。何必要艳羡别人的幸福，还得自己寻找自己终身的寄托。

所以，她们的内心是沉稳而坚定的，她们以一种极为审慎的态度仔细观察着自己遇到的每一个人，思量着是否值得托付终身。

从这个角度上看，云、鸿、苹、莲等几位歌女未必没有对单纯痴情、温柔儒雅的小山动过情，也未必没有动过托付青春、携手一生的念头，只不过可能是因为忌惮小山的贵胄身份和年少轻狂。她们曾经离小山很近，却又纷纷远去，流入她们自己命定的轨道和归宿里。小山想要爱情、知己和灵魂的契合，而这对于那些迫切想稳定下来的女子来说简直是奢望。于是，她们最终选择离开，也安于自己选择的生活，把生命中关于小山的记忆深藏心底。所以，不是不爱，可能是时间不对，或者心境不对。他们可以相爱，却不能一起生活、一起携手白头。

暗许闲人带偷掐

绿阴春尽，飞絮绕香阁。晚来翠眉宫样，巧把远山学。一寸狂心未说，已向横波觉。画帘遮匝，新翻曲妙，暗许闲人带偷掐。

前度书多隐语，意浅愁难答。昨夜诗有回纹，韵险还慵押。都待笙歌散了，记取留时霎。不消红蜡，闲云归后，月在庭花旧阑角。

——《六么令·绿阴春尽》

《六么令·绿阴春尽》讲述的是关于一位歌女的婉转情思。

春天就那么消逝了，带走了无边春景。柳絮漫天飘飞，给人迷蒙的感伤情绪。就在这样的一个夜晚，歌女拿出汉朝赵合德远山眉的图样，对着图慢慢描摹，直到镜子中也出现一位眼如水波、眉若远山的清丽女子。仔细打量自己，才发现面目生动，眉眼间却早就展示出一腔悸动和惴惴不安，如同马上要去觅食的激动的小鹿。而只有她知道这绝非化妆带来的效果。

“投我以琼瑶，抱我以木桃，匪报也，永以为好也。”封建时代的女子本就锁在深闺，又有诸多烦琐礼节约束，本就在感情中处于被动的地位。像《诗经》中这般通过借送礼物来表达相思的也属难得。而自己身处幽闭之境，更无法像其他女孩子那样自如地表达自己的爱慕和思恋。

于是，她运用自己的灵巧才能，给旧曲安上新的调子，把自己的殷切情意和无限向往藏在改动后的曲子里。这是一首饱含了女子爱慕思恋的曲子，在外人听起来仿佛是普通的歌曲，但如若遇到良人，定能从音符中听出自己的满腔情思。

而现在自己终于遇到一个愿意听自己吹打乐器、体会自己少女情怀的人，怎能不高兴，怎能不激动？那人也是谨慎之人，昨天寄来一封短笺，全是晦涩的用典，只稍微暗示了对女子的仰慕之意，这是在给自己设置的一个考验吗？赶紧把自己的滚烫回应写在诗里，只采用最简单的笔墨和典故。

她在回信里一笔一画地写着：等到今晚笙歌落幕，偃旗息鼓，不要急着离去，走到月明之中、后庭花怒放的角落，就可以看到等待的自己。到那时，他自会明白她的心意。

于是，今晚的悸动不安，今晚的对镜描眉画红也有了精准的解释，一切都是为了把握每一个可能的机会，争取一份难得的爱情。歌女的辛酸和对爱情孤注一掷般热烈的向往，让人心痛而又欣慰，她们终究没有放弃对爱情的惦念。

第六卷

从今屈指春期近，满鬓华发笑春风

经历了不断别离的爱情、四处漂泊的艰辛后，小山在无奈中成长了。成长永远是条单行道，故只能行走天涯无归意，欲问归期也无期。从今屈指春期近，可无奈的是，如今迎接春风的，只有满鬓华发。

欲将沉醉换悲凉

天边金掌露成霜，云随雁字长。绿杯红袖走重阳，人情似故乡。

兰佩紫，菊簪黄，殷勤理旧狂。欲将沉醉换悲凉。清歌莫断肠。

——《阮郎归·天边金掌露成霜》

时光是个神奇的魔术师，把清高的男人磨得精通世故，把十指不沾阳春水的女人打磨成精通柴米油盐酱醋茶的妇人。每个青春洋溢、自信满满的人绝对不会满意于生活的这种小动作，但抗争过、失败过，他们就学会了妥协和顺从。这是成长的必经过程，但是在人生的某个时刻，过去那个犀利张狂的自己又会穿过时光片刻地绽放。晏几道出生在一千年前的北宋，却和现代的年轻人一起经历了造化弄人的无奈和改头换面的感慨，可见青春和成长是超越性别、国别和时代的。

这首词写于小山的中年，时间、地点停留在北宋首都汴梁的某个重阳。汴梁弥漫着富贵大气的皇室气息，吸引着像自己这样的小官吏驻扎，祈求得到皇帝的恩宠，得到仕途的晋升。天气渐渐变凉，夜晚的白露也凝固成了霜鳞，带来阵阵寒意。天边的积云也渐渐取代了毒辣的日头，南飞的雁阵越来越长。秋天真的要来了，秋高气爽、疏朗淡定的天气不像酷热的夏天，反而能让人静下心来好好思考。

又是一年一度的重阳，三五好友吆喝相聚，推杯置盏、载歌载舞，庆祝佳节。按照重阳的风俗，小山把紫茎兰花和黄菊插在头上，人到中年反而显出少年的童稚轻快。热闹、轻松，瞬间扫除了“遍插茱萸少一人”的客居离乡的惆怅，反而给自己一种此处即家乡的错觉。是的，他很久没有这种归属感了。彼时的他早已不是那个疏狂清高的公子哥了，而是一个汲汲于功名、沉郁内敛的中年男子。

很久没有这么放松过了，酒就一杯杯地多了起来，平时一直紧张的筋骨也仿佛活络了起来，一直绷着的脸颊也慢慢放松起来，眼神收回平时的谨慎和察言观色，放出自己心底的那份疏离、清高和孤傲。在那个时刻，自己生出了一种错觉，仿佛时间从未改变，而自己也从未委屈过自己。

罢了罢了，不再想自己的委屈和改变吧，生活的教训还不够沉重吗？不要太执着于自己内心的苦痛，因为生活从来不会因为你的悲欢而改变轨迹或标准，除了顺从，别无他法。既然不能抒怀尽兴，那就痛快地大醉一场吧。酒真是个好东西，在它的掩护下能把平时潜藏最深的自我释放出来又不用担什么罪责。一醉解千愁，麻醉了神经，就不会在这样的日子里再勾起愁绪。

历史上，除了陶渊明、竹林七贤等以隐居山林、与世隔绝的方式拒绝被社会改变以外，大部分人都磨掉了自己身上的棱角，选择向社会妥协。这何尝不是一件好事？为什么不试着在与社会的磨合中恰当地保护自我？社会和个人从来不是绝对矛盾的。也许如果小山早想通这一点，他的人生便会少一些纠结、坎坷和无奈，他便会像他父亲那样活得平稳而自由。

今宵有酒今宵醉

官身几日闲，世事何时足。君貌不长红，我鬓无重绿。

榴花满盏香，金缕多情曲。且尽眼中欢，莫叹时光促。

——《生查子·官身几日闲》

诗人是光鲜亮丽的，因为他们才气逼人，能在自己的诗行里用珠玉般的语言描摹世界，戳中人心最柔软的地方；诗人也是幸福的，因为他们能从世间万千琐碎无趣的事情盘旋而上，在世界上空俯瞰，从中发现别人所不能发现的美景。但是，在诗歌领域如鱼得水的他们在现实生活中并不是一样顺风顺水。相反，他们可能活得十分潦倒、悲惨。

陶渊明性格疏朗自由，他喜欢读书却不喜句读，不为了博取功名而卖弄学识，而是为了抒发情怀；他喜欢喝酒，但绝不是为了与人觥筹交错拓展人脉，而是为了在酩酊中忘记世界，在沉醉中享受世事皆空的闲适；他喜欢交友，但绝对不是狎妓结伴，而是身着布衣木屐，与白衣农人共话最朴素的人生哲理。这样一个“性本爱丘山”的陶渊明按照世俗的成功路径争名夺利，混入官场，却被官场沉重的案牍和人际负担压得透不过气，过着身陷樊笼、压抑郁结的生活。他把这种纠结抛掷在内心广袤的世界，描摹出一个“中无杂树，芳草鲜美，落英缤纷”的空灵缤纷的桃花源，那里水草丰美、屋舍整齐，人们自得其乐、与世无争，为后世的人们提供了一个心灵的休息地。

小山一生在主旋律的官场上颗粒无收，穷困潦倒难以维生，他不自觉地想要逃开这些给他带来痛苦、苦难的阵地，转而去寻找一个能给自己带来无限温暖和肯定的地方，那就是“情”。在那里，没有权势倾轧，也没有利欲熏心，有的只是两个平等灵魂的互相欣赏和契合。

现实冰冷，而那些与红颜在一起的时间则是温暖的。酒香、花香、人香，香味融融，醉人心脾；歌声、笑声、谈话声，声声欢乐，酣畅淋漓。沉迷在这样的环境里，自然会发出“今宵有酒今宵醉”，“有花堪折直须折”的感慨。就让我再一次忘记现实的冰冷，再多一秒地沉醉在这种温暖里吧。

有人说，晏小山的性格是“畸形”的，因为他无法像其他同龄人那样如鱼得水地融入到俗世社会之中，总是以一种孑然一身的姿态后退到自己的世界里，靠舔舐自己的伤口获得温存。但是纵观《小山词》，他能把那方世外桃源描写得如此清雅脱俗、引人入胜，也为现代人提供了一眼心灵的清泉。

晏殊在他的《清平乐》里也写道，“秋光向晚，小阁初开宴。林叶殷红犹未遍，雨后青苔满园。萧娘劝我金卮，殷勤更唱新词。暮去朝来即老，人生不饮何为。”这该是他繁忙公务以外的一次难得宴会吧，所以很难得地能用闲暇的眼光打量着周围的世界，发现平时发现不了的一些美好。这是秋色渐深的时候，密林的红叶如琥珀般殷红，但还没有到层林尽染的地步，展示出层次递进的鲜艳。一场秋雨过后，天气微凉，而绵软的青苔一夜间也爬满了小园，清冷中却透出地毯般温暖的感觉。宴会上有一位他的红颜知己，一杯接一杯地敬酒，敬出闲暇和惬意。久未开宴，美人也十分高兴，使尽全身气力为自己填了新词，旧曲新词听起来别有一番风味。浮生偷得半日闲，晏殊的心理是平静中带有喜悦和惬意，朝来暮往，人很快就会老去，既然有这种机会发现人生潜在的静谧之美，那就好好享受，开怀畅饮吧。在他眼里，躬耕仕途和自我排遣各有美好，一点也不相斥，这就使得在他的词不像小山的词有那么多对世事的恐惧、挣扎和逃避。

晏殊一生仕途顺利，从儿时的乡村神童到少年时的科举成名再到壮年时的官拜贵相，一切都仿佛是那么地水到渠成。这样的境遇和他圆融稳重的性格既相互依存，又相互促进。所以，他的词不像小山那样弥漫着呼天抢地、铺天盖地的叫嚣和泪水，没有那种为爱发狂的痴傻劲儿，也没有孤僻孤独的逃避。在他看来，仕途上的荣华和进退才是主道，诗歌和爱情只是调剂生活的调料而已，所以他既不会肆无忌惮、直率锋利地表达出自己的所思所想，也不会为了某一段相依相守而死去活来。他的人生既充满了奢华和富贵，也充满了谨慎和克制。从这个意义上看，久病成医，小山的“畸”苦了他自己，却造福了那些和他一样心灵受苦的人。

君问归期未有期

十里楼台倚翠微，百花深处杜鹃啼。殷勤自与行人语，不似流莺取次飞。

惊梦觉，弄晴时。声声只道不如归。天涯岂是无归意，争奈归期未可期。

——《鹧鸪天·十里楼台倚翠微》

满山叠翠的深处掩映着一座古色古香的的楼阁，小山轻轻地倚靠在阑干上，在忙碌的生活里偷得半天闲暇。环目远望，满眼绿意葱郁，近处百花竞放，连成斑斓的一片，让人精神为之一振，连吸进去的空气都是清新可人的。这个时间睡去，梦境也会是安宁的。

突然渐渐听到丛林深处传来了杜鹃“咕咕”的叫声，急切热烈，仿佛是在向路边的行人殷勤地嘘寒问暖，把浅睡中的人也叫了起来。比起杜鹃，那些黄莺飞来飞去、轻佻叽喳，真是冷漠得多了。

被鸟儿叫醒，索性也睡不着了，干脆坐起来好好地欣赏这一幅好山水。杜鹃翩飞，围着自己旋转，犹如一位热情的朋友，一点儿也不生疏。不禁惊觉，原来鸟儿也有脾性。杜鹃咕咕地叫着，一刻也不安歇，搅得人心也渐渐涟漪，不安稳了起来。那清丽的嗓音分别是在说“归去，归去，不如归去”。突然心里一阵嫌恶涌上，这哪里是友好，分明是在搅人清梦。天底下的人哪里有不愿归家的呢，只是连什么时候回去自己也不知道而已。如果知道归期，自己的无尽漂泊也就有了盼头，但是“君问归期未有期”，自己仿佛走上了一场没有尽头的流浪历程，这对人的心理是极大的煎熬。

行人只当杜鹃啼鸣是殷勤，哪里会想到杜鹃本就是以“子规啼血”而出名的悲伤之鸟。《史记》里记载，春秋时期有一名叫作杜宇的皇帝，号为望帝，勤勉治国，但却自觉不如宰相贤明，便主动让位。可谁知宰相不仅占其妻女，还对人民极尽盘剥，致使哀鸿遍野。望帝后悔莫及，心急如焚地回到自己的国土，却发现已鹊巢鸠占，自己连城门都进不去了。悲痛、悔恨、忧伤一直充斥于心头，最后郁郁而终。然而，望帝还是放不下这块热土，于是化成一只杜鹃鸟，站在房顶上面对着家乡的方向日夜嘶鸣，仿佛在哀婉地叫着“不如归去”、“不如归去”，又像杜牧诗“至今衔积恨，终古吊残魂”那样吐诉着平生的悲哀和冤屈。而最终，这只杜鹃也因为用力过度，吐出大片大片的鲜血，染红了脚下的土地。

所以，羁旅途中的游子最怕听到杜鹃啼鸣，如泣如诉惹人思乡愁绪，又低沉婉转让人无处可逃。所以，唐代的李白、白居易分别写过“一叫一回肠一段，三春三月忆三巴”、“其间旦暮闻何物，杜鹃啼血猿哀鸣”；宋代的贺铸、秦观也写过“三更月，中庭恰照梨花雪；梨花雪，不胜凄断，杜鹃啼血”、“可堪孤馆闭春寒，杜鹃声里斜阳暮”。杜鹃啼鸣总是和猿啸、斜阳、落雪等悲伤意象联系在一起，也难怪这首词中的游子会突然不耐烦，声声的杜鹃声分明把自己从暂时的安宁中拽出来，提醒自己在漂泊路上，有家难归。

在羁旅诗词里，这首词的基调还不算太忧伤凝重，游子还有闲情欣赏青山翠竹，只是持久哀婉的杜鹃啼鸣勾起了内心最深处的细腻情思。而游子一副与杜鹃赌气的语气，也算焦躁心情下的情急之语。而看看其他的羁旅诗，基调则更加沉郁悲痛，简直要到了呕心沥血、悲怆欲绝的地步。孟浩然在《江上思归》中写道“乡泪客中尽，孤帆天际看。迷津欲有问，平海夕漫漫”，迷茫的云雾和广袤的大海衬托出人的渺小，也衬托出作者漂泊无着的无力感。宋之问在《渡汉江》中写道：“岭外音书断，经冬复历春。近乡情更怯，不敢问来人”，描写了一种家成陌路，不敢归家的辛酸。宋代的欧阳修更在他的《踏莎行》里写道：“候馆梅残，溪桥柳细，草薰风暖摇征辔。离愁渐远渐无穷，迢迢不断如春水。寸寸柔肠，盈盈粉泪，楼高莫近危阑倚。平芜尽处是春山，行人更在春山外。”在他的眼里，细柳暖风无不引起离人的寸寸断肠和滴滴粉泪。

小时候总想走出自己的小圈子，去广阔的天地里流浪，消磨大把时光。可是，颠沛得久了，经历的离别和漂泊多了，自然就想起了故乡那片熟悉的地方和日出而作、日落而息的安定生活。

而对于小山来说，征程不仅仅意味着在路上行走，还意味着走出了那个父亲为自己打造的金碧辉煌的“小笼子”，忘记锦衣玉食的安逸、清高的疏狂和目空一切的自傲。而习惯了这些之后，人生新的征程如此艰难，只能硬着头皮鼓舞自己不断前行。再转头回去，是再也不可能了。

此情唯有君深知

身外闲愁空满，眼中欢事常稀。明年应赋送君诗。细从今夜数，相会几多时？

浅酒欲邀谁劝，深情惟有君知。东溪春近好同归。柳垂江上影，梅谢雪中枝。

——《临江仙·身外闲愁空满》

古代人没有那么多的娱乐活动，但能更单纯地享受日常生活中的细碎快乐。春花秋月、夏雨冬雪、草长莺飞，都能给他们带来最纯粹、最本真的快乐。对他们来说，朋友们在一起清谈、喝酒、聚会也是极大的享受，因为这既能享受金樽对月的轻松惬意，又能和朋友们把酒言欢。宴会过后，发之为文，也成为了一项传统。

受性格的影响，不同的诗人在宴游诗中表达出了不同的感受。李白在《春夜宴从弟桃花园序》里这样表达："夫天地者，万物之逆旅也；光阴者，百代之过客也。而浮生若梦，为欢几何？古人秉烛夜游，良有以也。况阳春召我以烟景，大块假我以文章。会桃花之芳园，序天伦之乐事。群季俊秀，皆为惠连；吾人咏歌，独惭康乐。幽赏未已，高谈转清。开琼筵以坐花，飞羽觞而醉月。不有佳咏，何伸雅怀？如诗不成，罚依金谷酒数。"时光如白云苍狗，转瞬即逝，所以古人秉烛夜行，及时行乐。"天生我材必有用，千金散尽还复来"，既然有这种吟咏创作的才能，就"人生得意须尽欢，莫使金樽空对月"，然后发而为文，为自己的创作提供不竭的灵感。

小山的词里多描写宴会聚饮，一部分是他还处于钟鸣鼎食、奢华富贵之中的青少年时的作品，那时他一掷千金，夜夜迷失在管弦嘈杂和推杯置盏里，所写的宴会大多数是"小令尊前见玉箫，银灯一曲太妖娆"的香艳以及"歌中醉倒谁能恨，唱罢归来酒未消"，宴会散尽之后巨大的失落和空虚感。另一部分写宴饮的诗词是他在家世落败、奔波逐利时所作，这时年轻的激情、放肆已经褪去，转而成了沧桑而沉郁的反思腔调。"罗幕翠，锦筵红，钗头罗胜写宜冬。从今屈指春期近，莫使金樽对月空。”不难想象小山写作这两首词时的景象，定是在杯酒之间眼神开始恍惚，越过吆五喝六、红光满面的宾客，而把回忆飘回到场景同样相似的年轻岁月，脸上就有了一种与宴会的欢乐不符的怅惘与沉静。原来，与社会相融不那么契合的人都无法自如地融入到盛大的欢乐里。

可是，我们可以看出，纵使到了中年，《小山词》里也没有那种阿谀奉承、拼酒求宠的景象，更全无那种庸脂俗粉、珠光宝气的调儿。年轻时的欢乐香艳，中年时的冷静顿挫，小山似乎在刻意保持着《小山词》的清新淡雅，或者是刻意保持着自己人品的高洁清幽。

这首《临江仙·身外闲愁空满》也是发生在那样一个宴会上。明明是很难得地和三五好友在一起开怀畅饮，却总是能让人感受到欢乐之下忧伤的暗流涌动。人到中年，总是“身外闲愁空满”，为了自身的前途，为了家人的生计，也为了自己在现实中横冲直撞的理想。除了那些无可奈何的离别和相思，小山人生中的愁思该是不少吧。于是，他也学会了临窗嗟叹，也学会了在欢乐的宴饮之间放飞自己的愁思，也不得不感慨年轻时候羡慕至极的成熟稳重原来需要付出如此沉重的代价。在小山的眼里，能让自己开怀大笑、狂喜不已的事情越来越少，而“人有悲欢离合，月有阴晴圆缺，此事古难全”则成了常挂在嘴边安慰自己的说辞。

朋友永远是相处起来最舒适的一群人，你不必担心自己是不是够出风头、有最抢眼的表现，也不必担心自己是不是太沉默影响了气氛。你只需要做好自己，高兴时插上两句应景的话，没有谈性时就静静地感受聊天的欢饮氛围，就足够了。这样的氛围在成人世界里是非常难得的。可是，眼前的欢乐总是像手中的细沙迟早会流失殆尽，细细算来，朋友明年就要离去。到明年，又要上演一出灞桥挥泪、折柳送别的场景，真是惹人哀伤。而从今夜开始，欢聚的时光又有几何？

离别之后，再有金樽美酒，不知能再与谁共饮？因为知晓自己脾性的只有诸位好友吧。如若没有分别该有多好，那就可以携手共赴东溪，那儿的盎然春意早就让人心神向往。杨柳依依，纤细的影子在江水中摇摆，褶皱了一池春水，带来早春的气息。而梅花还不忍离去，在枝头依依惜别，奉献最后一丝香气。宁静而疏朗的春意，不奢华、不张扬，最是适合和这样的知心友人一起赏鉴。

治平元年（1064 年），晏几道结识了黄庭坚，彼时小山 27 岁，黄庭坚 26 岁，两人一见如故，经常在一起喝酒作诗。《小山词》中关于两人宴饮描述并不多，想来不拘小节也是小山的一贯风格。可是，黄庭坚是一代文人，我们能从他的话中感受到两人的情义。黄庭坚这样评价对小山的学问才干，“潜心六艺，玩思百家”，“文章翰墨，自立规模，持论甚高，未尝以沽世”。在黄庭坚的心里，小山不仅才华横溢，而且品质高洁，不与世俗同流。而《小山词序》中，黄庭坚又把小山的一生概括为“四痴”：仕途蹭蹬，却从来不依傍权贵；文章水平高，却从不用作晋身之阶；饶有资产，慷慨大方，家人却过着贫寒的生活；他人辜负自己，依然给以充分信任。这一词序多被人当作研究小山的珍贵史料。遍览黄庭坚的诗作，会惊奇地发现两者的思维和脾性相似得惊人。“高盖相磨戛，骑奴争道喧；吾人抚荣观，宴处自超然”，黄庭坚和小山一样把功名利禄置之身外，专注自己内心，不问他事，淡然超脱。“余尝为少年言，士大夫处世可以百为，唯不可欲，欲便不可医也……视其平居无异于俗人，临大节而不可夺，此不俗人也。”《书僧卷后》中表达了黄庭坚内心深处保持的高洁品性。“胸次九流清似镜，人间万事醉如泥”（《戏效禅日作远公咏》），把世事的无奈和沧桑都化作一杯杯酒吞入喉肠。而从这侧面也可以看出黄庭坚不仅能与小山畅饮，还知小山内心。的确，这样的人，如何不被小山引以为挚友呢？小山一生沉浸在自己的世界里挣扎着，有这样的朋友实属难得，不知道这首词是不是也是为他而作呢？

从来往事都如梦

雪尽轻寒，月斜烟重。清欢犹记前时共。
迎风朱户背灯开，拂檐花影侵帘动。
绣花双鸳，香苞翠凤。从来往事都如梦。
伤心最是醉归时，眼前少个人人送。

——《踏莎行·雪尽轻寒》

小山笔下的景致大都是淡雅、清新、别致的，比如《踏莎行·雪尽轻寒》里的初冬之景，落雪给大地铺上薄薄的银装，让人觉得这寒冷没有那么厚重残酷，反而如瑟瑟秋风，带来一种轻爽的寒意。斜月挂疏桐，映出夜里浓稠的云烟。在这样的天气里结束一场欢宴，正适合进行一场冷静的反思。

微醉之中还能记住过往的时光，一幕幕、一场场都在自己的眼前重新来过。恍惚之间，只看到大门迎风而开，帘边的婆娑花影瑟瑟摇动，简直让人分不清何处是梦、何处是现实。

自己也像杜牧和柳永一样，有过在青楼里欢饮狂歌的日子，那时的人儿浑身充满了馥郁香气和才艺，陪着自己度过一个个清冷凉夜。那时的日子过得轻松惬意，那时的自己还处在父亲高相的荫庇之下，自己不想经营人际、追逐名利就可以从世故的宴请中转身离开，一心投入自己的青楼欢愉和诗词世界中。

经历过跌宕起伏的人肯定希望时光能够静止在人生最为欢乐的浓情时光。这样的人生虽然平淡无奇，但少了诸多波折和蚀骨痛苦。18 岁那年，上苍就跟自己开了一个巨大的玩笑，把父亲的去世当作了给自己的“成人礼”。父亲逝世后，周围集结的利益集团如树倒后的猢狲一哄而散，而自己在瞬间失去了官宦子弟的光环，被扔进现实的巨大旋涡中。

这是小山人生的转折点，此后他开始学会习惯周围人的打量目光和势利嫌弃的眼神，接受以前那么骄傲的自己从来不会接受的贫寒生活；其次，他像一只失去父母的幼崽，面对世事险恶，只能靠自己去探索、去征服。父亲死后，朝廷念着旧情赐予他太常寺太祝的小官，纵驰不羁、磊落的他就这样开始了自己的仕途征程。

他本身性格疏离，不善于钻营，在 20 岁和 45 岁之间过着不痛不痒的日子，做着不值一提的小官。其间，他遭郑侠的陷害而锒铛入狱，度过一年的囹圄时光。可以说，在男人一生中最关键的那十几年，他的人生是灰暗无光、抑郁寡欢的。后来，他意识到自己的性格缺陷，也像其他人那样学着左右逢源，他不再像以前那样有不把所有人放在眼里，不再拥有连苏轼也敢拒之门外的豪情，而是主动献词给当时的大帅韩唯，纵使得到“盖才有余而德不足者”的侮辱之语也还表现出被大帅赏识的欣喜之感。不知道听到韩唯的话之后，小山的内心会不会愤怒，当年自己贵为宰相之子，被众多政界名流围绕尚且没有投以青眼，今日竟沦落到主动献诗还被人指指点点的命运。如果自己早就开始像父亲那样为自己的仕途安营扎寨，那么自己中年的生活会不会好过一点儿？不过，性格如此，这样的假设也无法成立。

事业是一个男人最重要的东西，纵使再度出仕的小山也会受这种价值观的影响。而青春已逝、事业无着的境遇又让他烦躁失落。而他无法彻底地改掉他那带有疏冷和自傲底色的性格，也无法彻底地融入这喧嚣官场中，摆脱这种境遇也成为不可能的事情，这也给他带来更多无力感和悲观。

如果在事业上沉沦失利，在爱情上春风得意，也算有一种失之东隅、收之桑榆的安慰。可是，命运可能让小山把好运和福祉在前半生全部用尽了，让他靠着对前世富贵和欢愉的回忆度过孤寂的下半生。小山爱情上的春天应该是在21岁，他在沈廉叔、陈君龙的家里与两人交谈甚欢、把酒听曲，作词给莲、鸿、苹、云演唱，他文思泉涌，写出无数美词佳句。“小令尊前见玉箫，银灯一曲太妖娆”、“渌水带青潮，水上朱阑小渡桥。桥上女儿双笑靥，妖娆。倚着阑干弄柳条”……给了自己无尽的欢乐。可是，知己如柳絮般飞散，音讯杳然全无，独留小山在自己的世界里旋转、哭泣、回忆、留念。

出生贵相之家，到头来却贫贱沉沦；本来知己围绕，到头来却孑然一身。如果人生前后的反差太大，就会给人戏剧般如梦如幻的不真实感。所以，也难怪小山发出“从来往事都如梦”的感慨。

要有多少的苦涩和跌宕经历，才能让小山发出“从来往事都如梦”的感慨？

暗惜光阴恨多少

催花雨小。著柳风柔，都似去年时候好。露红烟绿，尽有狂情斗春早。长安道。秋千影里，丝管声中，谁放艳阳轻过了。倦客登临，暗惜光阴恨多少。

楚天渺。归思正如乱云，短梦未成芳草。空把吴霜鬓华，自悲清晓。帝城杳。双凤旧约渐虚，孤鸿后期难到。且趁朝花夜月，翠尊频倒。

——《泛清波摘遍·催花雨小》

这首词出自46岁时的小山笔下。46岁早已不是无忧无虑、无所顾忌的年龄，也不再懵懵懂懂、对前路抱有浪漫幻想的年龄。这个时候，人生已经经历大半，这个时候的自己，该是一副沉着自持、褪去了一切幻想的稳重模样。相比于少年时期“初生牛犊不怕虎”的轻狂和激情，这个时期可能多了份沉思和自我反省。

这一年是他任监颍昌许田镇一职的第二年，本以为放弃了年轻时候的疏朗轻狂，可以像父亲一样汲汲营营，有不错的收获，就像自己一直以来在文坛上青云直上一样。可是，政坛毕竟不同于文坛，经营政治和抒发己心不同，后者可以形式自由，只需取悦自己，而前者则必须要讨人欢心，找准契机，然后不懈钻营。而小山却“我官尘土间，强折腰不屈”，本就不擅长这个，所以政坛这个竞技场终究不适合他。

再翻开一年前赴任途中自己写下的诗句，不禁摇头苦笑，他终究学不会父亲本性中的那种察言观色，总是对环境和人事有不切实际的幻想和认识。“明朝紫凤朝天路，十二重城五碧云”、“金凤阙、玉龙墀。看君来换锦袍时”、“留着蟾宫第一枝”，那些句子里充满了现在的自己看着也陌生的昂扬意气和进取的决心。

还记得去年的时候为了讨好韩唯，他写了那首《浣溪纱》：

铜虎分符领外台。五云深处彩旌来。春随红旆过长淮。

千里裤襦添旧暖，万家桃李间新栽。使星回首是三台。

这不过是想给大帅留下好印象，方便升迁而已。

《邵氏闻见后录》卷十九记载：“晏叔原,临淄公晚子，监颍昌府许田镇。手写自作长短句上府帅韩少师。少师报书：‘得新词盈卷，盖才有余而德不足者。愿郎君捐有余之才，补不足之德，不胜门下老吏之望’云。一监官敢以杯酒自作长短句示本道大帅，以大帅之严，犹尽门生忠于郎君之意。在叔原为甚豪，在韩公为甚德也。”这样的场景是少年时期的小晏不曾想过的，可是人到中年，还是要适应当时的世道。

大致是因为皇帝赏了一个小官，以为这是自己官途康庄大道的开始，所以激起了自己的书生意气。然而，他的这种性格就注定不是左右逢源、官位亨通的类型，他在20多岁时都没有在政治上有所成就，怎么可能在46岁这年从一个芝麻绿豆似的小官鲤跃龙门呢？可见，人各有命，父亲的浮华富贵是命，自己的沉落也是命，两种经历都是一种生命体验，背弃了这种规律去抗争，收获的就只有失败了。

所以，这个时期的《小山词》少了很多意气昂扬和呼天抢地，而多了很多顺其自然的淡定和妥协。这并不是值得哭泣的事情，因为成长本身就意味着由个人化走向社会化。

这首词的上片抒发了小山感时伤春的情怀，但又不是年轻时的那种看到杨柳红花就想到曾和自己鹣鲽情深的佳人音讯全无、自己年华渐老的那种伤逝，而是多了几分感慨流年的深沉和宽广。

一场场的春雨催得落红满地，一阵阵的春风吹得杨柳轻柔，柳絮飞烟，露珠圆润。记得去年的此时也是这样的好天气，也曾有闲心欣赏这淡雅美景。可是，还没来得及仔细感悟，时间就这么溜走了，又到了今年的春天。春季疲软慵懒，人们喝茶踏青，在深深院落里玩耍秋千，在丝管声声中寄托流年，一切都是那么闲适的节奏。只是，几十载中的春天的艳艳日头就这么飞过去了吗？时间已逝，而功名无着，还未成英雄而近暮年，想起则多少有些遗憾和怅惘。

暮霭沉沉楚天阔，苍茫天空中的厚重云层逐风而去，勾起了人的无限归思。自己离家万里，而又不知何时能够归家。不过是希冀一个锦绣前程，回报家乡父老，可这么多年，尽管自己曲意逢迎，功绩还是不甚理想，果然自己还是不适合这条道路吧？只是可惜了自己的那些年华，空空白了鬓发却颗粒无收。40 多岁的人该是事业稳定的时候，40 多岁也该是儿孙绕膝、尽享天伦的时候，可是自己却一个人独自驻扎在这儿，连家里的书信也难收到几封，怎能不让人唏嘘流泪？难道是年少时太过任性，享受的福祉太盛，上天要让自己的后半生如此凄凉冷清吗？想到这儿，浑身冰冷，大抵是心里的寒意泛起，连在春天的晚上也能感受到微凉的秋意。还是趁着春花月夜喝上几杯，既温暖了自己的寒冷心肠，也不辜负今年的大好时光吧。

莫使金樽对月空

晓日迎长岁岁同，太平箫鼓间歌钟。云高未有前村雪，梅小初开昨夜风。

罗幕翠，锦筵红，钗头罗胜写宜冬。从今屈指春期近，莫使金樽对月空。

——《鹧鸪天·晓日迎长岁岁同》

小山的词一向被称为“古之伤心词”，大体是因为他没有把诗歌当作争名拜相或者哗众取宠的手段。从文学意义上看，这反映了宋代伊始词人的独立意识增强，词不再被当作用来唱和的长短句，而是成为抒发情怀、抱负的绝妙手段。这也解释了为什么《小山词》会得到“深情苦语，千载弥新”，

"艳词自以小山为最"的评价，深情从来都是抵抗时间的最好武器。

在他的笔下，冬天不再有"瀚海阑干百丈冰，愁云惨淡万里凝"的残酷，给人带来"散入珠帘湿罗幕，狐裘不暖锦衾薄"的尴尬和狼狈，也少有归人愁肠百结的思念和痛楚。46岁的小山再写冬天，竟有了一丝如他父亲一样的平淡和通融。

谁说冬天的景色一定是萧索孤寂的？只要用心观察，还是能发现一些生机勃勃、饶有兴致的变化。落雪满地，一片冰清玉洁、银装素裹，简直把天上的层层白云也比得失去了颜色。而红梅不畏寒冷，在某个夜晚风儿的鼓动下，自告奋勇首先绽放，成为发起春天信号的领头人。而冬日的萧瑟也抵挡不住人们的欢欣和热闹。乡村、城市间到处是箫鼓阵阵，宴会欢声，人们穿着锦绣新衣，一幅"总把新符换旧桃"的全新景象。

这时如果按照小山年轻时的性格，在独处的冬日定会有一番痛彻骨髓的回忆和伤痛，可是活到70岁的小山早已习惯了别离、相思和这些人世间的残缺和遗憾，也不再排斥像他父亲那样的优渥富贵生活，生命流淌到古稀之年已不再是非黑即白、容不得半点差池的选择题，而是一种接受万物、在现实中寻求变通和希冀的淡定、释然和豁达。所幸，小山在经历了半辈子的苦痛和伤心后，终于学会了这点，可以不再活得那么纠结了。

冬天寒冷彻骨，万物萧瑟，春天生机勃勃、万物复苏。人们排斥冬天，向往春天，这是人之常情。所以，诗词中盼春、赞春的句子远远多于描写冬天的诗歌。而小山却说出了“从今屈指春期近，莫使金樽对月空”这样的话语，冬天到了，春天也不会远了，与其花时间在诅咒、嫌恶冬天上，还不如好整以暇，斟一杯美酒慢慢品味现世时光。谁说现在拥有的一定不好呢？

这时的小山已经70岁，而三年之后他便溘然长逝。我们难得地看到在生命的暮年，小山终于学会放下那些无法控制的伤痛和命运。只是，这一领悟来得有点儿晚，他生命里最美好的时光活得太过用力，没有享受到这份轻松。

同年的重阳，小山也作了一首《鹧鸪天·九日悲愁不到心》，词里也是一幅升平和乐、顺应天理的景象。

九日悲秋不到心。凤城歌管有新音。凤凋碧柳愁眉淡，露染黄花笑靥深。

初见雁，已闻砧。绮罗丛里胜登临。须教月户纤纤玉，细捧霞觞滟滟金。

刘禹锡在《秋词》里写道，“自古逢秋悲寂寥，我言秋日胜春朝。晴空一鹤排云上，便引诗情到碧宵。”秋日在他眼里不是悲切和萧索，而是有了高洁空旷的别样景致，能看到秋日这番层次的人定有一颗乐观、淡然之心。而一向以“伤心人”闻名于世的小山在他的晚年竟然也做出了这样的词句，相比较之下毫不逊色。

秋日给我们带来了什么？很多年里，我们和小山看到的都是“碧云天，黄叶地，北雁南飞，晓来谁染霜林醉，总是离人泪”，把秋日想象成萧瑟、凄清的面貌。可是，换个角度来看，大地秋来风景异，抱着欣赏的眼光去看岂不是人生的又一大收获？

秋风一阵紧似一阵，吹落了枝头片片树叶。夜深露重，锦衾凉薄，但是一早醒来看到菊花怒放的笑脸，岂不是心情更好？离人未归，让人断肠，但是，人们从燥热难耐、蚊虫叮咬的夏日清醒过来，给浑浊不堪的曲子换上新的清爽的曲调，岂不是也给人带来了莫大的新鲜感？也见到了南归的大雁，听到了满城思念的捣衣声，但更是注意到换上厚重秋衣的人们，和他们一起盛装待秋，也比登高望远更有趣味。在这样的秋天，何必诉说离殇？何必感伤？秋日也有它独特的美好，不如学杜牧《山行》，“远上寒山石径斜，白云深处有人家。停车坐爱枫林晚，霜叶红于二月花”。细细品味，那漫天的落霞，也是极美的景色。

其实，按诗词的艺术成就来说，这两首诗歌并不能算是小山的扛鼎之作，可是词里面透出的圆润意境和安然姿态，让爱惜小山的人欣慰不已。此外，这两首词背后的趣闻逸事也令人动容。

王灼《碧鸡漫志》卷二：“叔原年未至乞身，退居京城赐第，不践权贵之门。蔡京重九冬至日，遣客求长短句，欣然两为作《鹧鸪天》：‘九日悲秋不到心。凤城歌管有新音。风彫碧柳愁眉淡，露染黄花笑靥深。初过雁、已闻砧，绮罗丛里胜登临。须教月户纤纤玉，细捧露觞艳艳金。’‘晓日迎长岁岁同。太平箫鼓闲歌钟。云高未有前村雪，梅小初开昨夜风。罗幕翠，锦筵江口钗头罗胜写宜冬。从今屈指春期近，莫使金尊对月空。’竟无一语及蔡者。”权势极盛的蔡京听说长短句大宗晏几道旅居在京，便趁重阳和冬至之日上门求词，以讨得节日的喜庆之气。他潜意识里可能是想以自己的贵相身份去这个贵族旧人面前炫耀，然后求得几首对自己的溜须拍马之词，可是小山丝毫没有违背他“写词自娱”的志向，给他写了这两首《鹧鸪天》。不过这样也好，让热衷世俗名利的蔡京在晏几道的心境里学习学习，未必是件坏事。

满鬓华发笑春风

小绿间长红。露蕊烟丛。花开花落昔年同。惟恨花前携手处，往事成空。

山远水重重。一笑难逢。已拼长在别离中。霜鬓知他从此去，几度春风。

——《浪淘沙·小绿间长红》

小山的一生何其精彩，很少人能够企及。衔着金汤匙出生在高官贵胄之家，他从小鲜衣怒马，不知愁滋味；他天生文采无边，在小令的世界里轻易就能写出让人惊艳屏息的句子，年少时以“神童”称号出名，中年又以“艳词天下第一”闻名天下；他生性浪漫多情，却在酒楼画舫的夜夜笙歌里发现那些如珠玉般美丽单纯的心灵，反而更加相信、坚守爱情。仅仅这些，就让很多词人难以企及，因为安逸的富贵和多情的心灵最容易产生好奇的眼睛和唯美的词句。

当然，中国诗词史上也不乏贵族词人，清朝的纳兰性德为纳兰明珠之子，也善于为词，一首“人生若只如初见，何意秋风悲画扇”让无数人感慨流年的伤逝。可是，被称为“古之伤心人”，能写出“梦魂惯得无拘检，又踏杨花过谢桥”的“鬼语”的人只有晏几道，这是因为晏几道的后半生要比纳兰跌宕得多。

自从父亲去世后，小山的生活就发生了翻天覆地的变化：自己被指派为一个芝麻小官，必须舍弃之前对官场的清高和不屑，开始自己跌跌撞撞的宦海生涯；他被朋友陷害入狱，体会过失去自由的人生；他不懂如何笼络官家，纵使后来有了高官仕途的志向却终究只能沉沦下僚，任自己做一生的毁弃的黄钟，任才能如被弃敝履，年华空悲切；与他心思相扣的那些歌女们纷纷离他远去，不知湮灭在何处的时光里，连一封锦书都不愿寄过来，只留他日日流连折杨柳处、把相识和送别的场景在脑海里一一回放，然后用酒、诗、红笺和梦生生地浇灭自己狂热的相思。

从父亲去世的那一刻起，他的人生仿佛被生生劈成两半，前面繁华似锦，后面潦倒无依，这种云泥之别的落差以至于使经历之人心如历冰火两重天，心中的震撼可想而知。而纳兰性德终身富贵，衣食无忧，最大的心伤莫过于自己的爱妻去世，且在中年时就匆匆离去。这种单薄的经历怎么能和小山相比，又怎么能产生如小山般那样充斥着血泪和欢笑的伤心之词？小山的词之所以情感张力巨大，是因为他经历了别人所没经历的戏剧化的血泪人生，然后以血泪下料，长出了罂粟般绚丽的诗词之花。人到沧桑话乃工，《小山词》的深情是以他的整个生命经历为蓝本的。

一开始他也定会有愤怒，凭什么是自己遭遇这样的人生巨变？所以，他叫嚣着要回到过去，写下无数的诗篇回忆过去的灯红酒绿，为自己构建一个可以安歇的记忆城堡；他也执拗地拒绝接受未来，他把前来登门拜访的苏轼挡在门外，只留下一句：他当我父亲的门生时，我还不一定看得上他的疏狂之语。

只是，愤怒得久了，小山渐渐地发现在回忆中鲜活的如花笑靥再也不会回到自己身边，而自己拒绝结交的社会名流之时也把自己的官宦前途拒绝了。这才发现，自己没有什么大不了，自己对整个世界发怒，世界纹丝不动，自己却遍体鳞伤。于是，他也渐渐在现实中学会接受，前半世的富贵荣华、自己的狂妄无忌真的成为了过去。

于是，他也像别人那样学会在喧嚣的宴会上喝酒作诗，也学着去都城守候升迁的机会，也学着为官以企图博得一个锦绣前程，也学着写词献给高位以博得好感，也学着和自己枕边的糟糠之妻和解，做一对世人眼中的烟火夫妻。他慢慢地觉得，自己也成了和别人无异的面孔，以前的自己慢慢地模糊，消失不见，只偶尔在酒醉或者失落时卷土重来。这样也没什么不好吧。

花开花谢是普遍的自然规律，年年如是，转而自己已经白发满头。而以前的欢愉都如那些携手观花的岁月消逝不见，其消逝之快、之彻底让人产生一种人生如梦的不真实感。从此，过往的岁月和自己不再相逢，只留下片片回忆陪自己继续前行。既然这样，那就把这些回忆收到心里吧，然后抖抖满鬓华发，面朝前路，笑看几度春风。